正向
Positive Discipline
教養
的親子教育方案

郭靜晃——

著

巨流圖書公司印行

正向教養的
親子教育
方案

國家圖書館出版品預行編目（CIP）資料

正向教養的親子教育方案 = Positive discipline / 郭靜晃著 . -- 初版 . -- 高雄市：巨流圖書股份有限公司，2022.02
　　面；　公分

ISBN 978-957-732-652-2（平裝）

1.CST: 親職教育　2.CST: 子女教育

528.2　　　　　　　　　　　　　111000655

著　　　者　郭靜晃
責 任 編 輯　邱仕弘
封 面 設 計　余旻禎

發 行 人　楊曉華
總 編 輯　蔡國彬

出　　版　巨流圖書股份有限公司
　　　　　802019 高雄市苓雅區五福一路 57 號 2 樓之 2
　　　　　電話：07-2265267
　　　　　傳眞：07-2264697
　　　　　e-mail: chuliu@liwen.com.tw
　　　　　網址：http://www.liwen.com.tw

編 輯 部　100003 臺北市中正區重慶南路一段 57 號 10 樓之 12
　　　　　電話：02-29222396
　　　　　傳眞：02-29220464
劃 撥 帳 號　01002323 巨流圖書股份有限公司

法 律 顧 問　林廷隆律師
　　　　　電話：02-29658212

出 版 登 記 證　局版台業字第 1045 號

巨流

ISBN ／ 978-957-732-652-2（平裝）
初版一刷‧2022 年 2 月
初版二刷‧2022 年 4 月

定價：350 元

目　錄

郭 序

　　自 2020 年 COVID-19 疫情侵襲全球以來，父母被迫只能待在家，一方面在拚經濟，另一方面又要陪伴孩子。疫情日子一直未能消退，長時間下來，家長面對疫情的未知，對未來充滿不確定和經濟壓力下，虐兒與不當教養行為也持續浮現，甚至比去年同時增加 20% 的案量。影響父母育兒行為因素很多，諸如父母工作、夫妻關係、兒童行為與特質及社會的支持。現代的父母皆是當了父母才開始學習當父母，而當代父母最大的困擾即是沒有時間陪孩子及不知如何教導孩子。儘管現代父母為何要當父母有其不同的動機，成為父母已是一般的事實，且具有下列特色：不可取消性、行為受限、疲勞、非本能的愛及帶有罪惡感。

　　家長一直期待對成長中的孩子有幫助及能引導現代焦慮的父母有用知識的參考資料。過去我曾在台灣寫過「親子話題」的親子書及「親職教育」教科書，課餘時也曾為一些父母提供親子諮詢，在麗文出版機構的盛情邀約下，我應允了《正向教養的親子教育方案》。本書朝向教導父母、托教機構工作的兒童福利專業人員培育正向、快樂、有能力品質幼兒的知識，避免對幼兒有不當照顧及教養事實發生。最重要地，期待本書可以帶給托育機構工作人員實施親職教育，尤其在親職教育與親師合作方案的準則與參考依據。

　　本書分有快樂的童年、家庭教育及如何播種三篇：第一篇「快樂的童年」有幼兒身心健康概念、父母育兒行為及影響因素、父母的優勢——在童年播種及正向教養，提升親職效能；第二篇「家庭教育」有家庭教育與

服務以及親職教育；第三篇「如何播種」有如何教養高社會能力的孩子、如何運用適齡適性的遊戲啟迪孩子社會智能、如何培養機警勇敢的孩子及如何設計親職教育方案等十章。本書內容涉及以證據為本的知識，諸如，正向教養、幼兒社會情緒教育、情商管理、適齡適性的遊戲與教育、親子互動與溝通、幼兒安全教育、抗逆力培養等美國與加拿大常用的親職教育模式等課題。

　　教育孩子沒有特效藥及最有效的方法，最重要是陪孩子遊戲、給孩子安全依附及成為智慧父母，獲取新知、融會貫通、利於實踐。期待本書能帶給你的孩子有一幸福快樂的童年。

郭靜晃序於台北

2022 年春

第一篇
快樂的童年

第 一 章
幼童身心健康概念

➢ 研習本章內容，學習者應能達成下列目標：

1. 瞭解兒童權利公約精神
2. 正向的心理健康能力的心理素質
3. 瞭解導致兒童發生事故傷害的成因
4. 兒童福利的社區三級處遇策略

聯合國於 1989 年頒布《兒童權利公約》（Convention on the Rights of Children, CRC）其中第 6 條提及：

1. 締約國承認兒童與生俱來之生命權。

2. 締約國應最大限度地確保兒童的存活與發展。

第 29 條提及：

1. 締約國一致認為兒童教育之目標為：

（1）使兒童之人格、才能以及精神、身體之潛能獲得最大程度之發展；

（2）培養對人權和基本自由以及《聯合國憲章》所載各項原則的尊重；

（3）培養對兒童之父母、兒童自身的文化認同、語言和價值觀、兒童所居住國家的民族價值觀、其原籍國以及不同於其本國的文明的尊重；

（4）培養兒童本著各國人民、族裔、民族和宗教群體以及原為土著居民者之間諒解、和平、寬容、男女平等和友好的精神，在自由社會裡過有責任感的生活；

（5）培養對自然環境的尊重。

2. 第 28 條之規定皆不得解釋為干涉個人及官設教育機構之自由，但須完全遵守本條第 1 項的規定之原則，並符合國家機構實施教育制定的最低限度標準。

第一節　幼兒心理抗逆力

各國在 CRC 報告中針對第 6 條提到幼童的生存及發展權，國家應就降低幼兒出生死亡率、幼兒傳染病、母親產前照護等方面採取積極作為，包括降低兒童死亡率、幼兒傳染病及母親產前照護的兒少預防及平台架設。此外，除兒童健康心理團體在聯合國制定 10 月 10 日的「世界心理健

康日」外，加拿大配合「國際兒童青少年心理健康日」，促進心理健康方面也推動兒少抗逆力（resilience）。澳洲相當重視孩子心理健康的建立，從幼兒園至青少年分別設有不同系統來推動校園心理健康促進政策，除了霸凌、自殺防治、毒品濫用外，自 2012 年更推動心理抗逆力。英國由國家兒童局（National Children's Bureau）提出全國兒童和學校推動心理健康促進政策，強調心理健康與各局處合作，並評估盛放結果。健康委員會（Health Committee）於 2014 年提出兒童與青少年心理健康服務（Child and Adolescent Mental Health Service; CAMHS）的組成（參見圖 1-1）。

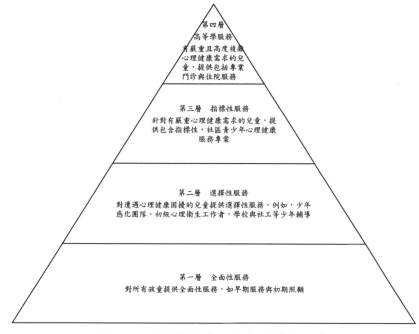

圖 1-1　英國兒童青少年心理健康服務
修改自：英國 Health Committee (2014)。

相對於世界各國，中國在 2002 年正式頒布中小學心理健康教育指導綱要（2012 修正），明確指出良好的心理素質是人的全面素質中重要組成部分，心理健康教育是提高中小學生心理素質的教育，是實施素質教

育的重要內容。歐盟兒童心理抗逆力檢視清單於 1995 年開始給學齡前
兒童教師使用，以檢視幼兒的心理發展情形（參見圖 1-2）。這份清單源
於 Benson at al.（1998）等學者總結了數個研究結果，發展出一個整合模
式。這個模式指出：當青少年在提供指引的家庭中，他們將會學習到政策
和相關方案所教導的行為。Benson et al.（1998）列出 40 種資產，包括有
20 種內在資產及 20 種外在資產（參見表 1-1）。這份清單的優點在於建構
簡單清楚，分成「外在支持資源」、「個人內在資源」與「人際問題解決能
力」三部分（參見圖 1-2）。這份清單可讓老師、家長能夠瞭解，評估孩子
的心理健康情形，助人專業也能知道從何種角度及內容來幫助孩子。

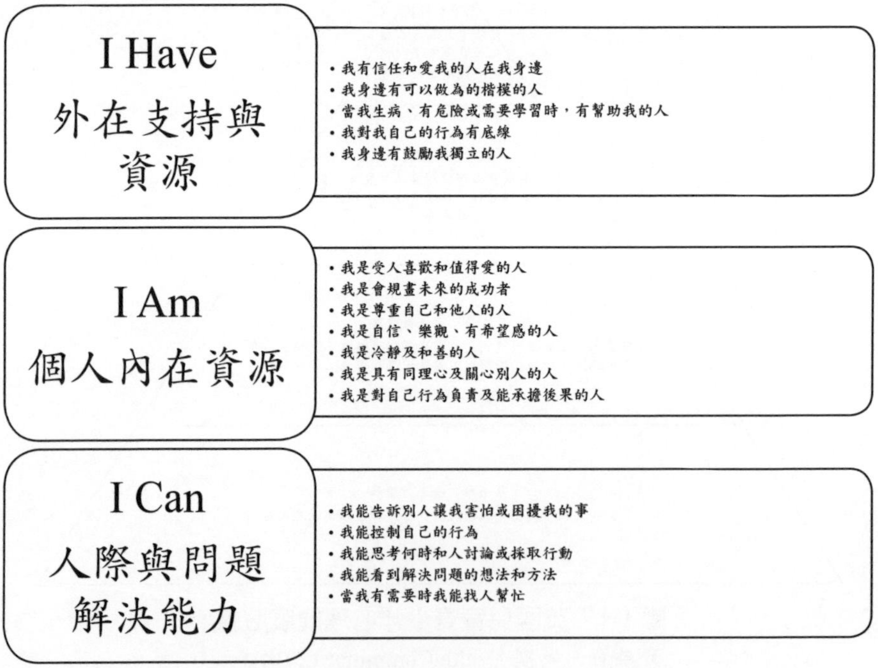

I Have
外在支持與資源

- 我有信任和愛我的人在我身邊
- 我身邊有可以做為的楷模的人
- 當我生病、有危險或需要學習時，有幫助我的人
- 我對我自己的行為有底線
- 我身邊有鼓勵我獨立的人

I Am
個人內在資源

- 我是受人喜歡和值得愛的人
- 我是會規畫未來的成功者
- 我是尊重自己和他人的人
- 我是自信、樂觀、有希望感的人
- 我是冷靜及和善的人
- 我是具有同理心及關心別人的人
- 我是對自己行為負責及能承擔後果的人

I Can
人際與問題解決能力

- 我能告訴別人讓我害怕或困擾我的事
- 我能控制自己的行為
- 我能思考何時和人討論或採取行動
- 我能看到解決問題的想法和方法
- 當我有需要時我能找人幫忙

圖 1-2　歐盟兒童心理抗逆力檢視清單

表 1-1　青少年正向的外在及内在資產

資產	名稱：定義
二十種外在資產	
一、支持	1. 家庭支持：家庭提供愛與支持
	2. 正向的家庭溝通：親子間能正向溝通，且青少年願意尋求父母的意見
	3. 與其他成人的關係：除了父母之外，青少年能接受三位以上成人的意見
	4. 關懷的鄰居：擁有互相關懷、照顧的鄰居
	5. 關懷的學校氣氛：學校提供關懷、激勵性的環境
	6. 父母的學校參與：父母主動參與，幫助青少年在學校成功
	7. 重視青少年的社區：青少年在社區中能感受到成人對其重視
二、賦權	8. 青少年被視為資源：青少年在社區中被賦予重要角色
	9. 服務他人：青少年每周在社區中服務一小時以上
	10. 安全：青少年在家、在學校、在社區都能感到安全
三、界限與期望	11. 家庭界限：家庭有清楚的規定和行為後果，並掌握青少年的行蹤
	12. 學校界限：學校提供清楚的規定和行為後果
	13. 鄰居界限：鄰居能協助掌握青少年行為
	14. 成人角色楷模：父母與其他成人提供正向、負責任的楷模
	15. 正向的同儕影響：青少年的好友能提供正向的楷模
	16. 高度期望：父母與師長鼓勵青少年
四、建設性地使用時間	17. 創造性活動：青少年每周花三小時以上的時間在課業、音樂、遊戲或其他藝術上
	18. 青少年方案：青少年每周花三小時以上的時間在運動、社會或其他學校、社會組織
	19. 宗教性社區：青少年每周花一小時以上在宗教組織上
	20. 在家時間：青少年每周低於兩次與朋友無所事事的外出
二十種内在資產	
五、學習投入	21. 成就動機：青少年在學校中有表現良好的動機
	22. 學校參與：青少年主動參與學習
	23. 家庭功課：青少年放學後至少花一小時做功課
	24. 與學校的連結：青少年關心其學校
	25. 為樂趣而閱讀，青少年每周至少因樂趣而閱讀三次以上

六、正向價值觀	26. 關懷：青少年重視幫助別人
	27. 公平與社會正義：青少年重視公平及減少飢餓與貧窮等社會議題
	28. 正直：青少年能捍衛自身的信念
	29. 誠實：青少年盡可能説實話
	30. 負責任：青少年接受個人責任
	31. 克制：青少年相信不從事性行為和不使用酒精、毒品的重要性
七、社會能力	32. 計畫與決定：青少年知道如何去計畫與做決定
	33. 人際能力：青少年有同情心、同理心和友誼技巧
	34. 文化能力：青少年知道如何與不同文化、種族、民族背景的人相處
	35. 拒絕的技巧：青少年能拒絕負面的同儕壓力和危險情況
	36. 和平的解決衝突：青少年能尋求非暴力的衝突解決方案
八、正向自我認同	37. 個人力量：青少年知道如何去計劃和做決定
	38. 自尊：青少年有高度自尊
	39. 目標感：青少年認為自己的生活有目標
	40. 個人未來的正向感：青少年對於個人未來抱持樂觀態度

資料來源：Benson et al. (1998)。

　　正向的心理健康能力是國際社會近二十年很重視的心理素質，而這種健康素質可惜不是由年齡成熟自然產生，而是需要透過後天環境培育與教育，尤其是早期的家庭教育及學校的情商教育，以及長大後的抗逆力的培育。

第二節　兒童發生事故傷害的成因

　　在西方國家，即使在過去二十年來，傷害致死率已大幅降低，但是傷害卻仍是構成 1~14 歲兒童死亡的主因（Grossman, 2000; Robertson, Rivara, Ebel, Lymp, & Christakis, 2005），台灣也不例外。每隔一段時間，社會總有類似的重大兒少保護議題躍上新聞版面，姑且不論經濟、教養環境不

同，兒虐悲劇皆反映出父母在教養孩子時的身心狀況或教養策略有所不足及觀念偏差與錯誤之處。衛福部社會及家庭署表示，根據兒少死因統計結果分析，「事故傷害」是造成兒少死亡的首要原因。兒童事故傷害的類型，除了車禍與溺水之外，以居家意外事故，包括跌墜落、壓砸傷、燒燙傷、異物梗塞、中毒較為常見，近年又發生較罕見的電視機砸傷、玩電線、插孔觸電、一氧化碳中毒、吞食電池及動物咬傷等意外（衛福部社會及家庭署，2019）。衛福部保護司（2019）指出：2019 年有 24 名 0~17 歲兒少因他殺死亡，其中 9 人遭兒虐致死、12 人遭家長「殺子自殺」、3 人遭他人（如保母、托育機構）不當對待。相較 2018 年，有 12 名兒少遭他殺，總數增加 12 人；2018 年有 6 人遭兒虐致死、5 人遭殺子自殺、1 人遭不當對待。郭彩榕副司長表示，確實觀察到兒少因殺子自殺樣態死亡有增加，可能的原因包含經濟因素、家長有精神困擾或疾病、另有一種樣態是婚姻衝突。事故傷害的發生不外乎人、環境與情境，傷害類別也跟人與環境有關，此種事實也可從生態理論的中間系統及外圍系統之論點觀之。在各類傷害事故中，道路交通事故是造成一歲以上兒童死亡的主要事故傷害類別，未滿一歲的嬰兒則以哽塞窒息死亡者最多；跌倒墜落雖不是兒童死亡主要傷害事故，卻是造成 0~12 歲兒童受傷住院的主要原因。此外，溺水和燒燙傷造成的死亡及中毒造成的住院，也不在少數。交通事故當然是發生在交通環境中，溺水事故主要發生在水域，哽塞窒息、跌倒墜落、燒燙傷及中毒事件，則多發生在居家與托育場所，其中，跌倒墜落也常見於兒童遊戲場。長期以來，事故傷害是台灣兒童健康和生命的重要威脅。回顧過去 15 年來的台灣兒童事故傷害死亡資料，死亡率已呈現下降趨勢，在 1~4 歲與 15~19 歲兩個年齡層，尤其明顯。但未滿一歲的嬰兒在最近五年又有上升趨勢；5~9 歲及 10~14 歲兩個年齡層原本死亡率就不高，所呈現的下降趨勢自然較緩（衛生福利部統計處，2019）。若純粹從事故傷害造成的死亡情形來看，似乎反映過去這些年事故傷害防制工作確有成效，只不過對嬰兒的保護還須加強。內政部戶政司（2014）統計資料顯示，兒少死亡人數最多的年齡仍分布在 0~4 歲（近 5 年平均約 1,016 人）

與 15-19 歲（平均約 568 人），合計每年有 1,949 個孩子無法迎接 20 歲的成年禮。在醫學公衛進步、治安堪稱穩定的台灣，為什麼一年我們仍會失去將近 2,000 個年輕的生命？衛福部統計處（2014）最新公布的「死因統計」發現，2014 年死亡的 1~14 歲兒童，將近 1/4（23.8%）因為「事故傷害」而失去性命；在 15~24 歲的青少年人口中，因「事故傷害」死亡的比例更趨近半數（49.2%），且比例逐漸上升，蓄意自我傷害（自殺）位居第二名，比例約一成五（13.6%）。Robertson, Rivara, Ebel, Lymp, & Christakis（2005）亦指出美國在 1~18 歲的兒童傷害或死亡有超過 44% 以上是發生在家庭中。

擁有免於恐懼的安全與感受，是所有兒童的基本權利，也是成人社會應給予所有兒童的承諾以及實踐。兒童的成長與發展，其實就是個體與環境持續互動的交互影響，就美國猶太裔人本主義心理學家亞伯拉罕·馬斯洛（Abraham Maslow）的需求層次理論，個體的需求依序是生理→安全→自我歸屬→自我尊重→自我實現等階層，依序漸進以達到個人之健全人格發展。換言之，唯有在兒童的生理層面的需求滿足，才會尋求安全的保障：唯有安全、舒適及免於恐懼的需求得到適當的回應，才能驅動及追求更高心理（自我尊重及自我實現）的理想人格發展。

由於工業化、都市化及多元化，導致社會結構產生了各種衝擊及劇烈變化，例如，少子化、核心家庭化以及親朋互動功能薄弱，造成家庭非正式功能減少；雙生涯家庭以致產生托育需求並期望及早進入托育機構尋求照顧，為了讓孩子不輸在起跑點上，父母及早要求孩子學習才藝及學術教育；加上個人角色價值及價值觀的改變，導致社會及教育體制只重視文憑及學科技術的養成，忽略了基本安全教育，更缺乏危機意識，使社會出現不少脫序問題。除此之外，台灣社會近年來受經濟不景氣的影響，造成許多家庭面臨失業問題及財務窘境，使得在資源上居於弱勢，同時也容易衍生兒童虐待之社會問題。兒童虐待事件之外（本身已嚴重侵害兒童的基本生存權，涉案父母不僅犯下重罪，後續的醫療、司法、安置與心理復健等工作，更損耗鉅額社會成本），還有為數不少的兒童疏忽、傷害事件，也

造成兒童人身安全受到威脅（郭靜晃，2005）。

　　諸如此種，也提醒一味追求高度經濟文明的台灣社會，不僅要推動經濟發展和工業技術的提升，也亟需完善兒少福利暨權益保障法令及相關措施來支持家庭，以預防及因應這些人倫悲劇。馮燕（2001）就曾呼應政府，應擴大辦理家庭支持性服務、寄養、托育等措施。甚至擴大至社區福利化之觀點，配合問題解決、生活引導和喘息式托育服務，以便讓這些危機家庭能度過難關，更要能積極地提供親職及安全教育，教導父母親職教養技巧，落實兒童權益，以避免兒童身心受到傷害。台灣為將《兒童權利公約》台灣法化，強化台灣兒少權益保障與國際接軌，於 2014 年 6 月 4 日公布《兒童權利公約施行法》，並自 2014 年 11 月 20 日起施行。依據《兒童權利公約施行法》，政府刻正推動法規檢視、國家報告、教育宣導等工作。《兒童權利公約》施行後，台灣更加注重兒童的生命安全及權益保障，一切以孩子利益為最大考量。

　　除了家庭為傷害兒童之宿主（hosts）之外，影響兒童傷害事件另一重要因素為環境（environment）及物件（vehicles）（李燕鳴，2004）。據行政院衛生署近年來統計；台灣地區年齡在 19 歲以下之死亡原因，依序為機動車事故、淹溺、意外墜落、火及火焰、其他及中毒等。若以此例估計，在 2019 年可能有高於一百萬兒童傷害事件需到急診就醫。依 Gallagher、Finison 及 Guyer（1984）的研究估計，每 1 位青少年死於事故傷害時，估計有 45 位青少年須住院及 1300 位需到急診就醫，另外有 2000 人是在門診或家中自行處理。當然，事故傷害或暴力傷害死亡所導致的是個體潛在生命年數損失，潛在工作日和經濟損失最大，其後遺症或殘障健康生活品質衝擊也十分嚴重，更影響日後的人力資本（human capitals）及社會資本（social capitals）。台灣地區事故傷害除機動車交通傷害比韓國低之外，其餘高出新加坡、日本、澳洲或其他歐美國家甚多。英語系國家如美國、英國和澳洲，都有國家層級的「兒童死亡檢視」（Child Death/Fatality Review）。這樣的機制旨在「對兒童死亡進行有效率的跨專業調查，決定哪些因素和行動可以預防類似的死亡事件，除了降低

兒童疏忽與虐待的發生，更重要的是確保兒童的生存安全」（天下雜誌，2020）。事故傷害是台灣兒少第 2 大死因，根據衛生福利部統計，2017 年因傷害死亡的兒少有 327 人，且八成以上發生在家中。長庚兒少保護中心 4 月 2 日發表研究指出，30％ 的 6 歲以下兒童死亡是可避免的，例如猝死、創傷、兒虐、窒息、溺水、缺氧、火災和窗簾繩子吊死等（林貞岑，2019）。台灣未滿 6 歲兒童死亡意外發生處，85％ 在家中（親子天下，2020）。而死亡及嚴重傷害主要是來自於照護者照顧上的疏忽，或是本身照護知識的不足，其實有更多孩童雖未致死，但也造成身體及心理無法抹滅的傷害。

公共電視台（2020）據道安平台資料報導，2015 至 2019 年間，平均每年有 2 萬 1,984 名 6 歲以上兒少於交通事故中傷亡，其中 79 名死亡、2 萬 1,905 名受傷。且傷亡數據在五年間並無顯著的下降，2015 年 2 萬 3,599 名、2017 年 2 萬 562 名，至 2019 年又回升至 2 萬 2,748 名。根據兒童福利聯盟在 2015 年也指出，有 76.6％ 的兒少曾發生因事故傷害而需就醫的嚴重情形。「事故傷害」包含了交通事故、墜落、跌倒、溺水、燒燙傷、中毒、窒息等原因造成，而且這些事故傷害大部分都可以找出危險因子。所以在寒假期間，父母帶孩子外出時，若有要自行開車，請確實讓 4 歲以下幼童依照體型選用安全座椅，及 4~12 歲以下或體重 18 公斤至 36 公斤以下的兒童，應坐於車輛後座並妥適使用安全帶。更要教導較大的孩子外出時應遵守道路安全，注意周遭環境，不要因為大意造成意外發生（彭幸茹，2018）。

由於兒童本身較欠缺安全認知，加上成人疏忽，缺乏危機意識，社會安全教育也未落實於生活中，福利政策規劃未臻完善，使得近十幾年來，台灣因安全事故而死亡之比率也是亞洲地區第一位。兒童是國家未來的主人翁，父母心中的瑰寶，但他們也是環境安全欠缺的最大受害者。一則因為兒童是無聲音的弱勢團體，也不具備投票資格，致使他們的需求易遭受社會大眾、甚至政府及政策的忽視，除非發生重大事故傷害或死亡，獲得媒體的報導，才會在短時期內獲得社會大眾的注意，在一陣口誅筆伐

之後，又漸漸被社會大眾淡忘；二來因兒童年紀小，自我獨立生存能力不足，認知與先天體能的限制，也使得他們不能在大環境中自我保護。因此，兒童安全與否實有賴於大環境的安全措施與政策的提供，以及照顧他們的成人有心的保護。

　　事故傷害是近二十年來兒童十大死因之首位。而任何事故傷害的發生，都必然和一定的人、事、物及環境有著密不可分的關係，就兒童發生的事故傷害來說，除了兒童本身可能是造成事故發生的因素之外，其日常生活所經常接觸的人與周遭環境的各種物品及生活娛樂設施，均可能是導致兒童發生事故傷害的原因，以下就兒童本身、成人、環境、制度、情境等因素來做說明：

（一）兒童本身因素

　　兒童期尚處於發展未臻熟的階段，所謂「發展」，是個體從生命開始到終了的生命期間，其行為上產生連續性與擴展性改變的歷程，在這個歷程中，個體的行為繼續不斷的發生由簡單而複雜、由粗略而精細、由分立而調和、由分化而統整等多方面的變化；且變化的範圍同時包括生理與心理兩方面的功能（張春興，1977），然兒童期的成長呈現快速變化，且生心理狀態並未臻成熟，再加上兒童探索外在世界的好奇心與充沛活動力，使得兒童發生事故傷害的機率大為增加，而兒童的因素包括下列六點（郭靜晃等，2004）：

1. 性別：兒童期男女生的特質不同，活動量也不同，一般而言，男孩活動力強，因此發生事故傷害的機率相對女孩來的高。

2. 年齡：不同年齡層發生的事故傷害類型不同，這是因為各年齡層的發展成熟度、判斷力與接觸環境不同所致，例如，年紀較小的兒童發生誤食藥品與異物的機率較高，年齡較大的兒童則較常發生跌傷。Grossman（2000）估算事故傷亡的比例是每 1 位傷害死亡，就有 18 位住院、233 位送急診室醫療。15 歲以下兒童與青少年，跌倒是住院或送急診室的主因，幼兒經常從下樓梯、床舖、沙發或稍

不注意時從購物車等跌落，而較年長的兒童則是與運動或其他戶外活動有關聯。15~19 歲青少年開始駕車，因此車禍是住院的主因，這些非死亡傷害經常會有長期的結果以及持續降低兒童的生活品質。

3. 生理狀況：當兒童身體狀況好時，容易好動，發生事故機率較高；而當兒童處於飢餓、疲倦，或身體不適時，也較容易發生意外。

4. 情緒狀態：兒童的情緒發展未臻成熟，較容易衝動、不穩定及情緒化，如果未獲得適當紓解或安撫，則容易發生魯莽行為造成意外，有時可能傷及性命。

5. 智力：這是指個體解決環境中所發生問題的能力及對新情境的應變能力。一般而言，智力低的兒童，自我保護技巧較差，較不易察覺環境中的危險，面對危險時也無法立即想出辦法保護自己。

6. 先天氣質：對於兒童氣質的研究一直是心理學界關注的焦點，長久以來，發現兒童的氣質與情緒及行為方面有密切關聯，兒童的氣質包括活動性、規律性、趨避性、適應性、反應、反應強度、情緒本質、注意力、分散度及堅持度等，過去研究發現兒童的活動性多寡與事故發生率有關，較粗心、好動、愛冒險、好奇、情緒反應強的兒童，發生事故的機率也較高。

（二）成人的因素

照護者監督不夠，是兒童傷害的最主要原因（Garbarino, 1988），而流行病學的資料指出大多數的兒童傷害發生的地點是在家中及其附近（Shannon, Brashaw, Lewis, & Feldman, 1992），最常發生的傷害種類是步行的傷害（pedestrian injuries）、溺水、燒傷（burns）、幼兒學步傷害（infant walker injuries）、中毒（poisonings）等例子。Robertson et al.（2005）指出 1~18 歲的兒童傷害或死亡有超過 44% 以上是發生在家庭中。Kaiser 及 Rasminsky（2003）綜合多位學者的觀點，指出下列型態的父母容易造成幼兒傷害：（1）太過年輕就生下第一胎（Haapusal & Trembalay, 1994）；

（2）教育程度低的父母（Coie & Dodge, 1998）；（3）有心理疾病的父母，尤其是憂鬱症的父母；（4）酗酒或毒癮的父母（Farrngton, 1991）；（5）具有反社會行為或犯罪行為的父母（Farrngton, 1991; Frick et al., 1991）；（6）家中有太多孩子（Farrngton, 1991; Raine, 1993）。由此可知，在幼兒傷害方面，許多成人的照護者相信輕傷害是疏忽或不注意幼童行為所造成的自然結果，進而會認為傷害是受害者的錯誤，並指出其原因是不當的或笨拙的行為所造成（Lewis et al., 2004）。然而監督與傷害之間的關係以及監督做為傷害的風險或保護因素的程度為何都值得加以探究。照護者監督不夠的原因有下列幾種：

1. 一時的疏忽與放任。
2. 缺乏照顧養育的知識。
3. 高估兒童的能力發展。
4. 專業能力不足，缺乏危機應變能力。
5. 對危險的敏感度不足。
6. 有關安全規定的瞭解不夠或執行不力。

（三）環境因素

1. 缺乏重視安全管理的觀念。
2. 空間設計不當。
3. 環境設備簡陋且安全度不足。
4. 各項遊具與設備的維修、保養不良或違規使用。
5. 危險物品的收藏不當（如藥品、清潔用品等）。

（四）制度因素

1. 各項安全規則的訂定不明確。
2. 師生比例不佳，導致人手不足與不敷照顧。
3. 缺乏完善的事故傷害預防措施。
4. 相關法令規定的不足。

（五）情境因素

1. 照顧者忙碌時較易發生意外。

2. 夏季容易發生溺水；冬季容易發生一氧化碳中毒或火災。

3. 廚房及浴室較易發生意外。

4. 兒童上下學途中、校外教學時較易發生意外。

5. 下雨天較易發生意外。

第三節　提升父母效能的作法

　　根據台灣衛福部統計處（2020）資料顯示：2017 至 2018 兒保開案的家內案件中，家長施虐最主要原因是「缺乏親職教育知識」，占 45.9%，並且有 17.7% 的施虐家庭習慣用體罰等不當管教方式來管教孩子，同時，兒童生活狀況調查亦指出幼兒的家長最大的困擾是缺乏時間管教及不知如何管教。這顯示發生在一般的家長因忙碌及缺乏家庭支援而造成對小孩的陪伴和管教的困擾，對兒虐的家庭更造成不知如何管教的困擾（朱崇信，2020）。自 2020 年初以來，全世界 COVID-19 疫情擴散，台灣也未能倖免，一波又一波的疫情，讓不少國家實施封城甚至鎖國的措施。然而在疫情下，台灣兒童權利危機重重，或因父母必須為孩子請照顧假，或失業家庭放無薪假，造成父母長期被困在家中，而對疫情的未知，對未來充滿不確定和經濟壓力下，無形中造成家暴、兒虐問題也持續浮現，甚至比去年更有上升近 20%，這也是聯合國兒童基金會主 Henrietta Fore 所言：「疫情大流行是一種公共衛生危機，也逐漸演變成為兒童權利危機。」台灣衛福部保護司（2020）的統計資料顯示：2020 年 1-6 月的兒少保護個案比 2019 年同期上升 10.8%。辛宜臻（2020）指出：台灣兒虐發生率與失業率有明顯的關係，依其研究推估，失業率上升 1%，隔年的兒虐率將上升萬分之 7。

　　兒童的身心傷害等安全議題是社會快速變遷下所浮現出的各種適應難

題，因此，加諸在兒童個人的人身權益，如兒童安全、虐待、自殺、適應不良以及色情傳播等等社會現象，在在都衝擊我們所一貫標舉「兒童是國家社會未來主人翁」、「兒童是家庭的珍寶」、「許兒童一個幸福童年」的價值觀理念。誠然，對於具體兒童人身權益（安全）的保障應該是以所有兒童福利做為積極努力的目標，然而，考量到資源的有限性以及兒童人身安全的急迫性，自然地在兒童福利服務輸送上實有必要清楚地劃分兒童福利工作的「一般群體」、「高風險群體」、「標的群體」以及「真正服務的群體」的定義、標準及輸送的特效性。

　　台灣在 1993 年兒童福利修法後，於 2003 年與少年福利合併成為兒童少年福利法，於 2011 年修改為《兒童及少年福利與權益保障法》，為維護兒童身心健康，促進兒童正常發育，承諾給予兒童安全及幸福的童年。台灣政府依法行政，除了依法辦理補助民間團體，對育有幼兒的家庭不但積極地發展支持性服務，更進一步辦理補充性服務及替代性服務，分述如下：

一、支持性服務

　　提供家庭支持力量，教導家庭教養技巧，提供育兒指導，例如未成年未婚懷孕服務、一般家庭的個案管理、親職教育、社區親子館、托育資源提供、身心障礙家庭或發展遲緩家庭的個別化，直接性、密集性服務，包括陪同就醫評估，協助療育、復健與教育安全等服務，協助家庭經濟後援，轉介相關資源，鼓勵社區衛生所、活動中心等社區開放場地提供社區外展療育服務。

二、補充性服務

　　在《兒童及少年福利與權益保障法》第 54 條的要求下，政府須建構「社安網」，以脆弱家庭服務方案（及過去的兒少高風險家庭方案）來提供協助，做為預防危機家庭變成兒虐身心安全危害的家庭的二級預防服務。

此類服務置於社區，為協助新移民家庭、隔代、單親及原住民等弱勢家庭對兒童之照顧，結合民間團體開辦外展服務，深入社區，提供類家庭親職教育諮詢，親子聯誼活動，子女課業輔導服務，團體輔導活動等。目前社安網的「脆弱家庭服務方案」，主要是透過公私協力方式提供，結合地方政府社福中心和非營利組織，共同為上述家庭提供多元的服務，包括，定期家訪、經濟補助等，此外還配有育兒指導以提升親職效力。

三、替代性服務

建立兒童保護服務制度，如通報制度、賦予主管機關疑似兒少保案件調查權責、緊急、短期、繼續及延長安置、司法處遇、罰款、強制性親職教育等行政處分。

台灣自 1993 年兒童福利法修法至今，對兒童保護服務處遇方案已建立一些好的觀念及制度，以及參考國際經驗提供證據為本的對童年逆境經驗的強制性嬰幼兒親職教育方案，例如 ABC 方案及 Safe Care 方案，分述如下：

一、ABC 方案

ABC 是針對過去對童年逆境經驗（Adverse Childhood Experience）的研究指出，不當照顧在日後對個人的生理／心理健康有很大負面影響，整個社會及醫療體系也要承受很高的成本代價。

依附與生理行為復原方案（Attachment and Biobehavioral Catch-up Program, ABC），此方案目標對象是有童年逆境或創傷經驗的六個月大至四歲的嬰幼兒及其照顧家長，包含被照顧的幼兒有遭受虐待、疏忽、被安置出養等照顧者轉變的情形（Dosier & Bernard, 2017）。

ABC 方案是一個專訪式的親職方案，親職培力師（parent coach）會直接到被服務者的家庭中進行親職方案。一次方案共進行 10 次課程，每

次課程約 60 分鐘，會全程錄影，用於家長進行回饋討論及對親職培力師的督導使用。ABC 分為 6 至 24 個月嬰幼兒（ABC Infant 方案）及 24 至 48 個月的幼兒的 ABC Toddler 方案。

ABC 方案的特色是以依附為基礎的處遇，生物行為介入及使用當下回應的即時回應來做為親職干預的治療技術。ABC 方案是以證據為本（evidence-based）應用實驗設計及理論基礎來證實有效的親職方案，結果顯現，透過 ABC 方案的兒童在皮質醇調節（Bio factor）、依附行為反應（attachment）、內在及外在行為問題及情緒調解和發展層面等，皆比未參與 ABC 方案的童年逆境經驗的幼兒有顯著的效果。

二、Safe Care Project

Safe Care 方案的前身是美國的「Project 12-Ways」，該方案嘗試透過親職訓練來增強兒虐或疏忽的家長在 12 個面向的親職效能，後來經過聚焦和簡化成為現時的 Safe Care 方案（Gershater-Molko, Lutsker, & Wesch, 2003）。此方案認為家庭需要健康、居家環境安全及親子互動三個照顧要素，以做為家長的親職能力的考核。

朱崇信（2020）提出 Safe Care 方案具有五個特色，分述如下：

1. 結構化的操作：手冊化的操作方式、結構性的親職訓練、訪員培訓和成效評估，讓此方案具有信度。

2. 生態行為取向：此方案強調在家庭的自然田野環境，而不是在實驗室或診間採用行為改變技術來增強父母的育兒行為等親職效能。

3. 以優勢為基礎：Safe Care 方案會鼓勵家長參與目標發展，並讓他們選定最困擾或最希望進行的親職項目來進行練習。此種方案強調要和受服務者建立正向的連結、受服務者的協同參與等。

4. 方案的文化適應：Safe Care 除了基本的服務模組外，也可因應不同需要或文化來進行調整和擴展，以提升家庭保護因子為目標相互結合，也可以達到不錯的效果。

5. 運用影像回饋：Safe Care 方案也有知情同意（consent form）的錄音或錄影服務，以為日後方案的督導和評估，並幫助訪員提供更有效的服務。

　　Safe Care 方案具有嚴格的訪員訓練和認證制度，讓訪員能忠實地執行方案，是具有信度的方案，也使此訪員安全照顧服務能不斷地被複製，並有不失真的效果。最重要參與此方案更有實徵研究證實具有心理健康及親職效能的顯著效果。

結語

　　正向的心理健康能力是國際社會近二十年很重視的心理素質，而這種健康素質可惜不是由年齡成熟自然產生，而是需要透過後天環境培育與教育，尤其早期的家庭教育及學校的情商（EQ）教育，長大後的抗逆力的培育。本章指出聯合國權利公約締約國承認兒童與生俱來之生命權；締約國應最大限度地確保兒童的存活與發展。國家應有之作為，一方面要保障兒童身心安全，另一方面要力促父母提升效能，以減少兒童的身心傷害。

參考文獻

一、中文部分

于祖英（1997）。**兒童保健**。台北：匯華。

內政部戶政司（2014）。**生命統計**。http://www.stat.gov.tw/ct.asp?xItem=15409&CtNode=3622&mp=4。

公共電視台（2020）。**近 3 年逾 2 萬 4 千名兒童 因交通事故傷亡**。引自：https://news.pts.org.tw/article/489862。

天下雜誌（2020）。**兒童溺水 8 成在暑假**。引自：https://opinion.cw.com.tw/blog/profile/52/article/3000。

朱崇信（2020）。強制親職教育大不易：兒少保護與親職教育在台灣。**兒盟瞭望，13**, 10-15。

李燕鳴（2004）。臺灣事故傷害之監控與防制。**臺灣醫學，8（1）**，14-121。

辛宜臻（2020）。後疫情時代失業增加——慎防兒少不當對待。**長庚醫訊，41（9）**，9-10。

林貞岑（2019）。甜蜜溫暖的家，為何成為令孩童受傷的危險場域？**康健**，https://www.commonhealth.com.tw/article/article.action? nid=79261。

張春興（1977）。**心理學**。台北：東華書局。

郭靜晃（1996）。兒童保護輸送體系之檢討與省思。**社區發展季刊，75**，144-155。

郭靜晃、黃志成、王順民（2004）。**兒童課後照顧服務訓練教材（下）**。台北：揚智。

郭靜晃（2005）。**兒童安全管理**。台北：威仕曼文化。

彭幸茹（2018）。事故傷害——兒童生命最大的敵人。**Heho 健康**，https://heho.com.tw/archives/6696。

馮燕（2001）。各國學齡兒童課後照顧。**兒童福論叢，1**，185-208。

衛生福利部統計處（2014）。**衛生統計——生命統計**。https://dep.mohw.gov.tw/DOS/np-1714-113.html 。

衛生福利部統計處（2019）。**衛生統計——生命統計**。https://dep.mohw.gov.tw/DOS/np-1714-113.html 。

衛生福利部統計處（2020）。**兒童少年保護——通報處理情形**。https://dep.mohw.gov.tw/DOS/np-1714-113.html 。

衛生福利部保護司（2020）。**COVID-19 防疫期間家暴及兒虐通報案件之變化趨勢及相關防制作為會議**。台北：衛生福利部保護司，2020 年 10 月 19 日。

衛福部社會及家庭署（2019）。**兒少福利——兒少安全專區**。https://sfaa.gov.tw/SAFF/Pages/Detail.aspx?nodeid=453&pid=7717。

親子天下（2020）。**長庚院內統計：未滿 6 歲兒童死亡意外發生處，85% 在家中**。引自：https://www.parenting.com.tw/article/5079176-/ 。

二、英文部分

Benson, P. L., Leffert, N., Scales, P. C., & Blyth, D. (1998). Beyond the "village" rhetoric: Creatig healthy communities for children and youth. *Applied Developmental Science, 2(1)*, 138-159.

Berger, K. S. (1991). *The developing person through the life span (2nd ed.)*. NY: Worth.

Coie, J. D. & Dodge, K. A. (1998). Aggression and antisocial behavior. In N. Eisenberg

(Ed.). *Handbook of child psychology: Vol.3, Social, emotional, and personality development (5th ed.)* (pp. 779-862). NY: Wiley.

Dozier, M. & Bernard, K. (2017). Attachment and biobehavioral catch-up: Addressing the needs of infants and toddlers exposed to inadequate or problematic caregiving. *Current Opinion in Psychology, 15*, 111-117.

Farrngton, D. P. (1991). Childhood aggression and adult violence: Early precursors and later life outcomes. In D. J. Pepler & K. H. Rubin (Eds.), *The development and treatment of childhood aggression* (pp. 5-30). Hillsdale, NJ: Erlbaum.

Frick, P. J., Lahey, B. B., Kamphaus, R. W., Loeber, R., Christ, M. G., & Hart, E. L. (1991). Academic underachievement and the disruptive behavior disorders. *Journal of Consulting and Clinical Psychology, 59*, 301-315.

Gallagher, S. S., Finison, C., & Guyer, B. (1984). The incidence injuries among 87,000 Massachusetts children and adolescents: Results of the 1980-1981 statewide childhood injury prevention surveillance system. *Ameicrican Journal of Public Health, 74*, 1340-1374.

Garbarino, J. (1988). Preventing childhood injury: Developmental and mental health issues. *Am J Orthopsychiatry, 58*, 25-45.

Gershater-Molko, R. M., Lutzker, J. R., & Wesch, D. (2003). Project Safecare: Improving health, safety and parenting skills in families reported for, and at-risk for child maltreatment. *Journal of Family Violence, 18(6)*, 54-59.

Grossman, D. C. (2000). The history of injuries control and the epidemiology of child and adolescent injuries. *Future Child 2000, 10(1)*, 23-52.

Health Committee (2014). *Child and adolescent mental health service and CAMHS.* House of Commons London: The Stationery Office Limited

Kaiser, B. & Rasminsky, J. S. (2003).*Challenging Behavior in Young Children.* NY: Allyn & Bacon.

Lewis, T., DiLillo, D., & Peterson, L. (2004). Parental beliefs regarding developmental benefits of childhood injuries. *American Journal of Health Behavior, 28*(Suppl), S61-S68.

Raine, A. (1993). *The psychopathology of crime: Criminal behavior as a clinical disorder.* San Diego: Academic Press.

Robertson, A. S., Rivara, F. P., Ebel, B. E., Lymp, J. F., & Christakis, D. A. (2005). Validation of parent self reported home safety practices. *Inj Prev, 11(4)*, 209-212.

Shannon, A., Brashaw, B., Lewis, J., & Feldman, W. (1992). Nonfatal childhood injuries: A survey at the Children's Hospital of Eastern Ontario. *Can Med Assoc J, 146*, 361-365.

Whaley, L. & Wong, D. (1987). *Nursing care of infants and children (3rd ed.)*. St. Louis: Mosby.

第 二 章
父母育兒行為及影響因素

學習目標

➢ 研習本章內容，學習者應能達成下列目標：

1. 瞭解父母管教方式
2. 生態環境理論對育兒行為之解釋
3. 決定父母育兒行為之影響因素
4. 現代數位世代的童年危機

　　社會化（socialization）是個體掌握社會文化知識與學習，行為習慣和價值體系塑化的過程。父母依據自己對社會化目標的理解，運用各種教養技術促使兒童社會化。孩子在二至三歲之前，父母通常會盡量容忍幼兒的幼稚且不合理的行為，隨著年齡成長，孩子認知能力和溝通技巧增進，父母也會開始「管教」（discipline）孩子，並對孩子的行為多少干涉或限制。至於父母應如何管教孩子，也隨著家庭的經驗及文化的價值而有所不同，如何期望孩子成為一個環境所接受的「社會人」也有所不同，這也是所有父母不能完全參得透的問題，更誠如美國一名知名小兒科醫生兼兒童心理學家所云：這世界上根本就沒有一種「最好的教養方式」，也沒有人在教養孩子時從沒有犯過錯。倒是另一位有名的人格發展心理學家提醒我們：管教孩子時應讓孩子漸漸學會自我控制，切不可做得太過火而抹煞孩子的自主性、好奇心以及失去自我效能的信心。

　　近年來社會變遷造成家庭結構與功能不變，也變成家庭內的變態因子增加，例如離婚率增加、家庭暴力、兒童自殺、吸毒及犯罪事件等兒少問題，此種個人問題種因於家庭，顯現於學校，惡化於社會，今日不預防，明日將成為嚴重的成人社會問題。

第一節　父母管教方式

一、管教的風格與型態

　　美國加州大學發展心理學家黛安娜·包瑞德（Diana Baumrind）（1977），利用證據為本（evidence based）的方法，針對父母管教風格分類，首先訪問 134 對父母，並對父母教養行為如何影響兒童社會行為進行30 年的三次研究。第一次研究是觀察幼兒園兒童，並依其社會行為（獨立性、自信、探索、自我控制、人際互動）分為三類：

　　1. 活力且有友善的（energetic-friendly），其特質包括：獨立、可靠、

　　自我控制、興高采烈而友善的、能忍受壓力、好奇心強、有成就
　　等。

2. 衝突且易被激怒的（conflicted-irritable），其特質包括：害怕、懷
　　疑、情緒化、不快樂、易被激怒的、有敵意、無法承受壓力、彆扭
　　等。

3. 衝動且富攻擊性（impulsive-aggressive），其特質包括：叛逆、自我
　　控制力弱、衝動、富攻擊性等。

　　Baumrind 以控制、成熟的要求、親子互動及教養方式，來評定父母
的教養方式，依據這些資料，Baumrind 將父母的管教方式分為三種：威
權專制型、權威開明型及放任嬌寵型，分述如下：

1. 威權專制型：這一類的父母對孩子的一舉一動皆嚴加限制，並且要
　　求孩子絕對的服從。此類父母很少對孩子解釋嚴格規定的原因，並
　　常常以高壓手段來要求孩子服從。

2. 開明權威型：這一類父母也對孩子要求嚴格，且要求孩子務必做
　　到，但父母對孩子解釋父母的用心及理由，並關心孩子的需要，也
　　讓孩子能有表達意見的機會。

3. 放任嬌寵型：這一類父母對孩子很少有要求或限制，他們除了鼓勵
　　孩子表達自己的感受外，也鼓勵孩子照著自己既有的感覺或衝動行
　　事。

　　在第二、三次研究，Baumrind 採取與第一次相反的程序，並採取縱
貫研究方法，以父母的管教方式對學齡前幼兒的影響作社會行為評量，並
待兒童九歲時，再評定一次。結果發現：權威開明型父母的兩種性別之子
女在認知及社會能力發展皆高於威權專制型及放任嬌寵型的父母；放任嬌
寵型的父母之女孩在認知能力和社會能力發展較低，男孩的認知能力最
低；威權專制型的父母之男女發展卻居於中間。這些早期發展的能力一直
持續到青春期。

　　此外，心理學家也常運用家庭訪問、觀察法或問卷調查方法，試圖瞭
解父母如何影響子女發展，例如，Schaefer（1965）提出控制（自主）與

溫暖（敵視）兩個項度；Erikson（1963）則提出控制與溫暖的向度。研究指出：威權專制父母，控制太多，愛心不足；放任嬌寵型父母，愛得不理智，控制不足；冷漠或拒絕型的父母在教養方法及態度都形成問題；唯權威開明型為較理想的父母，當然這端賴兒童所在社會的社會化目標和兒童自身的特點，以及兒童與父母的互動匹配程度（Maccoby & Martin, 1983）。心理學家認為：孩子的行為之所以與父母管教方式有關，其實是父母尊重孩子的行為會在孩子與父母互動時採用比較成熟的方式，例如，母親與孩子遊戲時如願意給孩子較多空間決定他想玩什麼及如何玩，那之後母親要求孩子完成其他工作（如收拾），孩子會比較願意採取合作及利社會態度（Parpal & Maccoby, 1985）。

二、管教的實例討論

親子對話（一）

「偉偉！放學回家後要先做功課哦！」

「我知道啦！我休息一下就去做。」

「偉偉！你怎麼還沒開始做功課呢？」

「等一下啦！我把這個卡通看完就去做。」

「偉偉！你已經看了一個多小時了，趕快去做功課了。」

「好啦！馬上就看完了，等我吃完飯就去做。」

結果是一拖再拖，直到八點多偉偉才在聲聲催促中開始做功課。

親子對話（二）

「小威！放學回家後馬上去做功課。」

「我想看卡通，我同學他們都可以先看電視再做功課。」

「整天只知道看電視，叫你去做功課，你就去做，沒做完你就別想看電視。」

「每次都這樣……不公平……你自己還不是愛看電視。」

「你再頂嘴我就罰你。」

結果是小威心不甘情不願的去做功課

　　親愛的爸爸媽媽！這樣的對話，這般的劇情是不是天天在你們家中上演呢？你們是不是常常為了孩子沒按時做功課而煩惱、生氣呢？為人父母者，總是會好心提醒、好言相勸、百般催促、連哄帶騙、威脅利誘、恐嚇責罰，以迫使孩子完成課業。至於孩子，則是隨口答應、藉口逃避、消極抵抗，找盡各種理由以拖延時間。

　　讓我們平心靜氣的想一想，「做功課」本來就是孩子自己的責任，為什麼動不動就演變成家庭中常態劇，親子間的拉鋸戰，那是因為大家都把重點放在「趕快把功課做完」，而忽略了做功課的真正目的。表面上看來，學校老師之所以指定功課，無非是希望孩子透過反覆練習，熟悉學校所教授之各項技能，而深層目的則是透過做功課，培養孩子獨立、負責及自我管理的能力。

　　親子對話（一）中的父母是屬於「放任型」的管教態度，他們給予孩子無限的自由和自主權，放寬要求孩子遵守的行為規範，卻未能提供明確而堅定的訊息與規則，於是自然沒有獲得預期之結果。反而造成孩子自我中心，過度濫用自主權，不知如何有效管理自己，也學不會尊重父母的權威與規則。

　　親子對話（二）中的父母則屬於「權威型」的管教態度，他們主導一切，制定規則，掌控過程，必要時並施以責罰，這樣做法的確可以制止孩子不當的行為，卻也剝奪了孩子自主、自律、負責和解決問題的能力，甚至可能演變成孩子的消極抵抗，或是陷入親子關係於緊張而惡質的地步。

　　普天下的父母都有「愛之深、責之切」的共同信念，然而愛之過深易流於放任，責之過切則流於權威，如何在溺愛與威權極端下，找到平衡點呢？「民主型」的管教態度應可將管教的藝術發揮至極！

　　放任的管教，尊重孩子而沒有堅定原則。權威的管教，堅定原則卻沒

有尊重孩子。民主管教則兼顧「尊重孩子」和「堅定原則」的態度，以力求親子雙贏的最佳局面。民主的父母相信孩子有能力解決問題，他們提供孩子選擇的機會，也讓孩子在選擇後學習承擔後果。他們給予孩子適當的自主權，以鼓勵孩子與父母合作。於是孩子學會獨立自主，為自己的行為負責，尊重共同制定的規則，與父母正向溝通並良好互動。

以「做功課」為例，民主管教的做法可以是：

1. 充分的溝通，真誠的傾聽

　（1）說出彼此的期望。

　（2）釐清「做功課」的目的。

2. 共同制定規則

　（1）決定「做功課」的固定時間與地點。

　（2）確定父母提供協助與指導的時間與限度。

3. 適時給予支持、鼓勵與讚美

　（1）當孩子確實完成時，給予及時的讚美。

　（2）當孩子遇挫折時，給予實質的協助與鼓勵。

　（3）視現狀做彈性之調整。

4. 確實執行，賞罰分明

　（1）鼓勵孩子儘早做完，爭取更多時間做自己喜歡做的事情（例如：玩玩具、看電視、邀朋友來玩……）。

　（2）違反規則時，以取消他做愛做的事代替斥責與體罰。

民主制度可以實施於國家，同樣也可以落實於家庭之中，提醒父母的是，習慣不是一天養成的，規範也無法一蹴可成，只要秉持「尊重」與「堅定」的信念，相信「做功課」的劇情也可以演的輕鬆愉快！

三、親職是情感的經驗

L. W. Hoffman 和 M. L. Hoffman（1973）提出九種當人們決定成為父母，或在成為事實後調適自己的動機。

1. 確立成人地位和社會認同。

2. 自我的延伸——家庭的持續。

3. 道德價值的成就——在親職中貢獻或犧牲。

4. 增加感情和愛情連結的來源。

5. 刺激、新奇、有趣。

6. 成就、能力、創造。

7. 對他人的權力和影響。

8. 社會比較和競爭。

9. 經濟效用。

不論他們要孩子的動機為何？成為父母還是一般的事實，成為父母更具有下列幾個特色：

（一）不可取消性

那是無法迴轉的，從出生的那一刻起，父母發現照顧和支持這個人的責任，將會完全佔據他們大約二十年或是更久的時間。即使有其他機構可以分擔工作，如教育，但最重要的責任還是在父母身上。這種責任也許被甘願或歡喜的接受，但他就一直在那兒，一天二十四小時，一週七天，可不斷的算下去。矛盾的是不管父母會犯怎樣的錯，也不管他們感受到負擔有多大，要把工作轉交給他人是很困難的。

（二）限制獨立和疲勞

成為父母後一個很戲劇化的改變，是隨著照顧一完全依賴者而來的行動完全受限。父母必須對離開孩子作好精心的計畫，即使只是短暫的。

伴隨著這種行動上受限而來的是，許多父母生活在一種孤立的情況下，與大家庭分離而隻身生活在現代城市中。因孩子的開支而進一步受限，隨著被新的情況或情緒所支配而產生心理的孤立，許多父母在他們的親職中感覺到孤獨。

大多數年輕的父母，特別是母親都抱怨疲勞，從一大早到半夜，他們

要對其他人的需要作反應——孩子、配偶、雇主，被所有的時間表極盡壓榨，然而太晚了——孩子就在這裡，而親職必須繼續下去。

（三）非本能的愛

人類只可控制本能之外的東西，而像許多父母的行為和反應，包括愛，則是隨時間、經驗和學習而來。許多父母有時對待他們的孩子有矛盾的情緒，被激怒和感覺所包圍住；有時候生氣的感覺壓過了愛的感覺。

由於受到「完美父母」的幻想的不利影響，許多人不自覺的承認自己「沒有骨肉之情」，而且或許認為有些罪惡感。

（四）罪惡感

令人驚訝的是，今日的父母都常提到罪惡感，有個迷思概念是「沒有不好的孩子，只有不好的父母」的社會態度。父母中對罪惡感最敏感的是母親，可能是因為她瞭解社會是把她視為最有力的親人。

第二節　生態環境理論

生態環境理論（ecological theory）視兒童整個人為其周遭的環境系統所影響，此理論可應用解釋到兒童保育及兒童福利。此理論相對於個體之成熟論，是由 Urie Bronfenbrenner（1917-2005）所倡導，他認為人類發展的多重生態環境，是瞭解活生生的、成長中的個體如何與環境產生互動關係。他依照環境與人的空間和社會的距離，分別連環成包含五種系統的圖層——微視、中間、外部、鉅視和年代等系統（如圖 2-1）。個人被置於核心，個人受其個人的原生能力及生物基因的影像，以及日後受環境互動中所形成個人的經驗及認知，稱之為微視系統（microsystem），而與個體最密切的家庭或重要他人（如照顧者、保母），因與個人互動最直接、頻繁，故影響最直接也是最大。中間系統（mesosystem）是各微視

系統（如家庭、親戚、同儕、托育機構、學校、宗教機構等）之間的互動關係，兒童最早的發展即是這些微視系統所組成之居間系統的接觸而達成社會化，進而瞭解最早的周遭環境。外部系統（exosystem）是指社會情境直接影響其中間系統的運作，間接地影響兒童的發展，例如，父母的工作情境、學校的行政體系、政府的運作、社會制度或民間團體等等。鉅視系統（macrosystem）是直接受到各個社會文化意識型態和制度模式所影響，例如，社會文化、社會意識型態和價值觀，直接影響外部系統、中間系統及微視系統的運作，再間接影響個體的發展。年代系統（chronologicalsystem）是受到不同世代在社會變遷下對個體所形成的態度與價值，例如五十年前（1950s）與 2000 年代的父母育兒觀、對子女的期望及學校體制等就有很大不同。

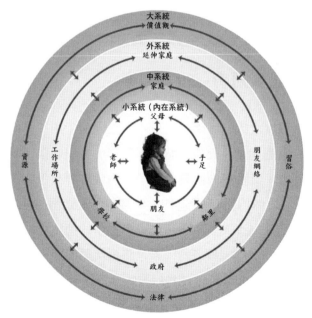

圖 2-1　生態系統理論之系統組合
資料來源：郭靜晃（2005）。兒童發展與保育。台北：威仕曼。

在 Bronfenbrenner 的理論中，人類發展最重要的本質是透過與環境互

動來增加個體適應社會之能力。年小的兒童因個人之成熟性不夠，受微視系統影響最大，而隨著年齡成長，其微視系統擴大，個體可從家庭、托育機構、學校、社區或宗教組織，甚至擴大個人生活圈與同儕接觸及多媒體之影響。就此理論運用到兒童托育，個體之發展受個人天生之基因遺傳、家庭及托育環境（空間、玩物、課程）、同儕、機構之行政與社會對托育價值之影響。

　　生態環境理論著重兒童對於周遭環境的詮釋，以及這些詮釋是如何改變的。所以兒童發展工作者在解釋兒童行為時，必須先瞭解兒童身處情境中的知覺，才能對兒童的行為有所體認。而兒童行為深受環境中任何一個環節（系統）所衝擊，環境中之家庭、學校、社區與文化皆息息相關，唯有透過正面地影響兒童身處的社區及社會的改善，並透過這些環境的支持與協助才能改善不好的發展因素，以促進正向的兒童發展。

第三節　決定父母育兒行為因素

　　影響兒童發展之因素，除了父母本身之因素（如父母的性格、是否有精神疾病、家庭變動、父母幼時的經驗等）會影響孩子外，孩子的因素（如需求過度、氣質或有困難的孩子）也會影響父母與孩子的互動。Belsky 及 Tolan（1981）即用生態觀點解釋親子互動循環性影響（circular influence）。他們認為：夫妻關係可能影響孩子的態度與行為，進而影響孩子的適應功能；當然，孩子的因素也將再次循環地影響夫妻的婚姻關係。Belsky、Gilstrap 與 Rovine（1984）的嬰兒研究亦發現，父親較常與孩子們一起閱讀和看電視，母親則花較多時間在養育和照顧孩子。這不表示父親無法成為細心和具有感性的照顧者，其實較常與孩子在一起的父親也如同母親般可敏銳解讀孩子所送出的訊息和線索。Belsky et al.（1984）針對影響父母的育兒行為，歸納有個人特徵和信仰、婚姻關係、社會網絡、工作、兒童特徵，及兒童發展情形（如圖 2-2）。上列因素可在歸納

為三點：（1）父母本身的個性特徵，如對社會化目標的看法和對孩子的期望、對孩子的評估能力；（2）兒童本身的特徵，如氣質、性格和能力；（3）社會環境，如家庭內部環境（如婚姻關係）及外部環境（如工作、社會網絡、社區文化及次文化等。）

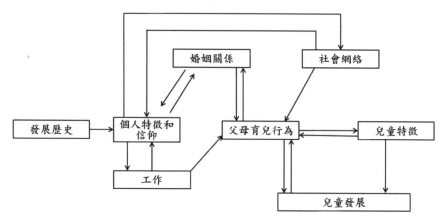

圖 2-2　決定父母育兒行為之因素

上圖 2-2 影響父母育兒行為之因素有父母關係、父母的工作狀態、社會網絡的支持以及所育兒童的發展與行為特徵。然而父母的育兒行為（管教風格）也會直接影響父母本身的婚姻關係，以及兒童的發展與行為特徵，這種互動關係對父母的夫妻關係及孩子的態度與行為是互為循環性影響，而這種影響又深受家庭內、外部環境所影響。

今日的兒童在生活、行動和想法上，與過去的兒童大大不同，現在的家長常抱怨或為之生氣或沮喪他們的孩子不能和他們過去一樣有快樂的童年，如在田裡烤地瓜、抓泥鰍、在四合院或巷道上玩。現在的孩子永遠有補不完的習、看不完的電視，加上社會治安敗壞，家居或鄰里沒有保障，造成父母親自接送孩子上下學，這是否也意謂著孩子需要在陌生的社區長大並少有機會結交朋友，而父母必須要工作，加上時間有限，所以希望兒童能成長快速，造成美國心理學家大衛‧艾肯（David Elkind, 1981）稱呼今日的兒童為「匆忙的孩子」。孩子生活在縮水的兒童期，且承受過多壓

力——如學校功課、運動競爭、滿足父母情緒、擔心人身侵犯等。雖然很多人將童年美化為人生中最快樂、最無憂無慮的時期，但實際上每個人在童年時也都體驗過壓力。正常童年的壓力如生病、不能遂自己所願、與兄弟姊妹的互動、忌妒弟妹的出生或父母的暫時分離；有些人遭受比較嚴重的壓力如失親或父母離異、受成人的人身侵犯、天災、人禍或貧窮壓力等（黃慧貞，1989: 393-394）。一些研究指出，這些事件都具有影響兒童情緒健全發展的可能。

根據希勒（Hill）之壓力 ABC-X 理論，A 指壓力事件，B 為個人之能力，如人格特質、能力、社會資源，C 指的是個人對壓力之認知結果，X 為個人之適應狀況。孩子對壓力事件之反應取決於不同的因素：（1）首先是事件本身：不同的壓力來源對孩子有不同影響；（2）兒童的年齡：年齡不同對於事件之解釋也會有所不同；（3）性別：一般而言，男孩比女孩較容易受到傷害；（4）孩子的能力：如課業成就與他們壓力之反應有關；（5）個人之人格特質：如高自尊及自信的孩子其壓力感受度較小；（6）其他如遺傳或氣質等因素（Rutter, 1984）。

瑞特（Rutter, 1984）指出，具有彈性、抗逆力的孩子是可以對壓力有所反擊及超越逆境，而這些孩子可以界定出一些保護因素，兒童可藉此減少壓力的影響。他們分別是：

1. 兒童的人格：有彈性的孩子具適應能力足以調適變動的環境，能自我肯定、友善、獨立、對他人敏感、擁有高度自尊。

2. 兒童的家庭：家庭中父母能提供支持給孩子，這類孩子與父母之間擁有較良好的關係，對人較有信任感，並且較有自信。

3. 學習經驗：兒童除了擁有一些學習技能之外，也有一些解決社會問題的經驗。例如父母及兄姊擁有一些朋友，並與朋友有良好的互動，孩子有機會觀察到父母、兄姊或其他人解決問題，並對不良情況做最好的處理模式。兒童利用上述的認知，面對自己的人際困擾，透過挑戰並自行找出解決之道，從而學到處理的經驗。

4. 有限的壓力源：「屋漏偏逢連夜雨」，有時壓力會連續不斷，研究

指出，只有一種壓力事件時，孩子比較能克服壓力，但當兩個或兩個以上壓力事件同時存在時，孩子困擾將多出三倍以上（Rutter, 1979）。

5. 多方面的成功經驗：孩子在課業、球類、音樂或與其他孩子相處的成功經驗，將有助於補償孩子不幸的家庭生活。

正常的童年壓力，是以多種方式呈現並影響兒童的健全發展，培養一個有彈性及毅力的孩子，不但可助其日後克服逆境，同時可對相似或相同的壓力事件產生免疫能力，並且可以幫助他成為一個堅強的孩子。

第四節　現代數位世代的童年危機

這是一個科技不斷進展的時代，近期最熱門的產業議題是 5G 網路和遊戲相關產業的發展，但這些發展也帶來了新興的網路不當使用與成癮問題。台灣兒童福利聯盟文教基金會在 2012 年兒童使用 3C 產品現況調查報告中指出 3C 產品教養的使用現象，並提出數位童年危機的呼應（見圖 2-3）。

數位童年四危機包括：（1）3C 低齡化：近七成（67.3%）的孩子在學齡前都已經使用 3C 產品；（2）3C 保母化：六成（60.6%）的父母出門會準備 3C 產品當作保母；（3）3C 沉迷化：逾六成（63.1%）的孩子在不能使用 3C 產品時吵鬧不休；及（4）3C 親職空窗化：近七成（68.5%）家長表示孩子使用 3C 產品為全程陪伴。此調查結果也反應 3C 產品帶來的教養問題。柯慧貞（2020）依 Maccoby and Mart（1983）的家庭教養問題調查兒童少年使用 3C 時，父母管教態度及比較孩子上網成癮之盛行率。結果發現不論是國小、國中、高中階段，忽略式管教的網路成癮盛行率最高，依次是溺愛管教、威權式管教，而民主紀律管教盛行率最低。威權式和民主式紀律都重視對孩子規範及管教，故孩子網路成癮盛行率較低。柯慧貞（2020）進一步提出網路成癮發展的三階段理論（見圖 2-4）。

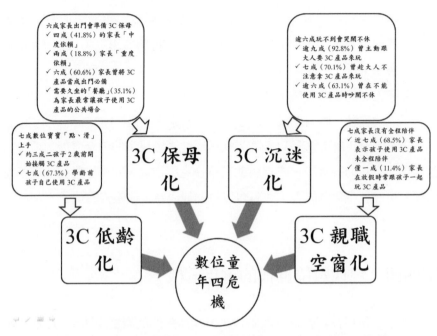

圖 2-3　兒童福利聯盟 2012 年調查報告：數位童年四危機

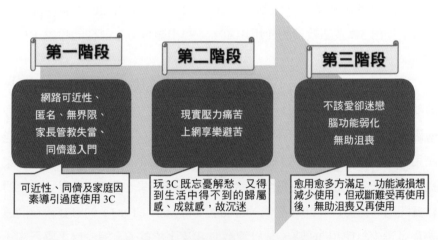

圖 2-4　網路成癮發展三階段理論

　　網路成癮發展三階段的第一階段為環境引入門，網路可近性、無界限、家長不當管教和未以身作則及同儕壓力，使青少年容易過度使用 3C

科技產品。第二階段則是心理因素助長網路沉迷。現實生活中的壓力使負面情緒產生，於是網路成為避風港，不但能紓解壓力還能獲得快樂，也因此正增強了網路使用行為。到了第三階段，由於沉迷時間增長而開始出現大腦功能弱化，導致常出現失控以及因失控帶來的沮喪、無助。

結語

　　近年來社會變遷造成家庭結構與功能歪變，也導致家庭內的變態因子增加，例如離婚率增加、家庭暴力、兒童自殺、吸毒及犯罪事件等兒少問題，此種個人問題種因於家庭，顯現於學校，惡化於社會，今日不預防，明日將成為嚴重的成人或社會問題。尤其吾人正處於一個科技不斷進展的時代，近期最熱門的產業議題是 5G 網路和遊戲相關產業的發展，但這些發展也帶來了新興的網絡不當使用與成癮問題。數位童年四危機，包括，（1）3C 低齡化、（2）3C 保母化、（3）3C 沉迷化及（4）3C 親職空窗化，過去實徵研究結果發現不論是國小、國中、高中階段，忽略式管教的孩子偏差行為最高，依次是溺愛式管教、威權式管教，而民主紀律式管教盛行率最低。培養一彈性、抗逆力的孩子是可以對壓力有所反擊及超越逆境，而這些孩子可以界定出一些保護因素，兒童可藉此減少壓力的影響。

參考文獻

中文部分

柯慧貞（2020）。兒童青少年網路成癮之心理社會成因與介入。**中華民國兒童保健雜誌，26（1）**，24-32。

郭靜晃（2005）。**兒童發展與保育**。台北：威仕曼。

黃慧貞（1989）。**發展心理學**。台北：桂冠。

英文部分

Baumind, D. (1977). *Socialization and determinants of personal agency*. Paper presented at the meeting of the Society for Research in Child Development, New Orleans, March, 27-30.

Belsky, J., Gilstrap, B., & Rovine, M. (1984). The Pennsylvania infant and family development project I: Stability and change in mother-infant and father-infant interaction in a family setting at one, three and nine months. *Child Development, 55*, 692-705.

Belsky, J. & Tolan, W. J. (1981). Infants as producers of their own development: An ecological analysis. In Lerner & Bush-Rossnagel (Eds.), *Individual as producers of their own development: A life-span perspective* (pp. 87-116). London: Academic Press.

Elkind, D. (1981). *The hurried child: Growing up yoo fast, too soon (3rd ed.)*. Mass: Addison-Wiley Pub. Co.

Eriksin, E. (1963). *Childhood and society (2nd ed.)*. NY: Norton.

Hoffman, L. W. & Hoffman, M. L. (1973). The value of children to parents. In J. T. Fawcett (Ed.), *Psychological perspectives on population*. NY: Basic Books.

Maccoby, E. E. & Martin, J. A. (1983). Socialization in the context of the family: Parent-child interaction. In P. H. Mussen (Ed.), *Handbook of child Psychology (4th ed.)*. NY: Wiley.

Parpel, M. & Maccoby, E. E. (1985). Maternal respondsiveness and subsequent child compliance. *Child Development, 56*, 1326-1334.

Rutter, M. (1979). Separation experiences: A new look at an old topic. *Pediatrics, 95(1)*, 147-154.

Rutter, M. (1984). Resilient children. *Psychology Today, 18(3)*, 57-65.

Schaefer, E. S. (1965). Children's report of parenta; behavior: An inventory. *Child Development, 36(2)*, 413-424.

第三章
父母的優勢——在童年播種

學習目標

➢ 研習本章內容，學習者應能達成下列目標：

1. 幫助父母抗焦慮的三種有效又實用的方法
2. 輕鬆做父母、破除迷思、喚起個人的童年經驗
3. 理解快樂成人的五階段循環

　　孩子的未來幸福是什麼？幼兒期的聽話、學習好就代表他日後一生的成就和幸福？在幼兒的成長經驗，小時候特別頑皮、好動、搗蛋，越不好教養的孩子日後成就越大。在成年世界裡，生活過得幸福或生涯發展良好的人，也未必孩子時代是聽話，有養眼的成績單。發展心理學發現：孩子未來的幸福和人生的根基，不只是建立在學業成就或聽話上面，而是孩子有沒有健全的人格及快樂豐富的童年經驗。如何讓孩子獲得日後的成功，其實答案很簡單，就是孩子需要被父母點燃心中的熱火，而不是一味澆熄孩子成長的火花，也就是讓父母付出愛，啟動童年魔法，讓孩子感同身受，同時父母也將獲得孩子溫暖回應。

　　要成為偉大父母（以及快樂成人）最好的方法，就是去探究、品味孩子的世界，甚至你個人要回想你在該時代，哪些事件及生活讓你最快樂。其實孩子已指引了你一條通向快樂的道路，認真對待孩子，只要將你的影響力轉變成有效行動。

第一節　三種有效又實用幫助父母抗焦慮的方法

　　好的父母（絕大多數）之所以憂慮或存有罪惡感，是因為關心太多，缺乏自信也對如何採取適切的教養方式而憂心。當家長已止不住關心，卻又無所適從，焦慮便像火般蔓延開來。最能使憂心的難題迎刃而解就是提供「愛」。愛像魔法會指引父母向前的一道火光，幫助父母深刻體驗生命和新的歷程。當孩子出生時，父母心中就會立即湧出這份愛，父母必須對自己的感覺要有信心，越珍惜愛，愛就可以化成力量。除了無止境的愛之外，我們還需探索下列知識，來增加父母植入孩子永遠快樂的種子。哈佛醫學院的兒童與成人精神科醫師，提出三種有效又實用幫助父母抗焦慮的方法（熊思婷譯，2006）：

一、拒絕獨自焦慮

　　當面臨孩子教養問題時，一時無法排解壓力時，千萬不要急，要找尋一些方法來消除憂慮，例如，找能幫助的人傾訴，或出去散散心，暫時放下眼前的壓力及憂慮，可將嚴重的問題化為簡單。最忌諱在焦慮、壓力之下一定要解決問題，有時會造成對孩子不當的教養。

二、找出真相

　　個人常因無知，不敢求助而覺得困窘、無助。最好的抉擇是應用你對孩子的愛，支持自己，向專業人員尋求，例如，對老師、醫師、心理諮商人員、社會工作人員提出自己疑慮，讓知識、訊息來消除焦慮。

三、規劃下一步

　　只有付諸行為積極尋找支援，有效的訊息才能消除育兒焦慮。研究新知是父母貼近孩子，幫助父母提供「怎麼做」、「如何做」以及「瞭解兒童需求」，給予父母較清楚提供孩子喜樂的知識。有時，多和有經驗的人士相處，透過他們的鼓勵，也可幫助新手父母獲得育兒的自信，做父母只要不輕率、馬虎，做個好父母絕對不是一件難事。

第二節　輕鬆做父母、破除迷思、喚起個人的童年經驗

　　熊思婷（2006）譯自美國哈佛醫學院兒童及成人精神科 Hallowell 教導新手父母破除迷思的方法，分述如下：

　　1. 父母不要總以為自己必須有控制權和影響力，父母絕對不是完美的，有時也允許自己犯點小錯。

　　2. 教導孩子沒有一個最好，最正確的方法，只要合乎你的想法並不要

對孩子有害。

3. 不要想成為滿分的父母，而要繪出自己情緒健康的假想。個人可以來自不健康的家庭，有著不安全感和焦慮，但你依然可成為好的父母。

4. 不需強記一些研究新知，研究及文章僅供參考，待你沉澱，使用之後有受用，那才是好的知識，不要為了依研究新知來徒增個人育兒的壓力。

5. 孩子先天遺傳和後天教養同樣重要，基因是關鍵，生活經驗亦是。

6. 父母不需隨時嚴格督促孩子才能有所成就，父母把目標和期望定太高，孩子達不到，為了日後爬到頂尖位置，孩子小時候必須教導快樂童年，更要專注工作，因為快樂和成就的追求並不牴觸。父母只要用堅定的微笑，陪伴孩子成長，讓孩子「盡力而為」，而不是過度期望。

英國著名心理學家彼得‧馮納吉（Peter Fonagy）的研究（2001）指出：「在單親家庭、犯罪、失業、生產過多、精神疾病，深具壓力狀況下的母親角色者能擁有高度的反思能力，期待孩子多半會是安全依戀（secure attachment）的幼兒。」這研究的發現也是呼應心理分析學派大師佛洛伊德（Sigmund Freud）的學說：在過往毫無感知的人極大可能會重複過去的經驗，這種經驗也會產生在他們的子女身心。身為父母，能從自己的童年經驗獲得啟示是成為好父母的重要特質。無論是好或壞的經驗，都能讓父母避免重複犯下錯誤，但不擅回顧與反思的父母，則較可能會重複自己的錯誤。舉例來說，一個曾經遭受虐待、辱罵的孩子，對其父母對待他的方式很不喜歡，但因為他不會找出他的焦慮、不喜歡的原因，沒有深刻回憶那些痛苦或懂得反思，有 2 成左右的大人可能選擇其父母對待他的方式，重蹈覆轍對他們的下一代，造成虐待，這是代際之間的轉移（intergenerational transfer）。

第三節　形成快樂的五階段循環

　　一個快樂成人在形成的根基很重要，想像一下，若一個孩童在生理需求獲得滿足，他們便會顯現神采奕奕，精神充沛，富有快樂的種子。然而，不幸的是，並非每個孩子皆能過得如此，誠如心理社會理論的創始者 Erik Erikson 所提供人生的八大危機中，著重嬰兒時期的信任 vs. 不信任危機。倘若一個孩童能對照顧者產生依附，而成長的環境是他熟悉的，並具有信任的安全感，那此孩子一定快樂且樂於學習。

　　Hallowell（2006）提出快樂成人的五階段循環（見圖 3-1）。這五個階段循序漸進，緊緊將扣，也說明兒童的學習發展歷程。

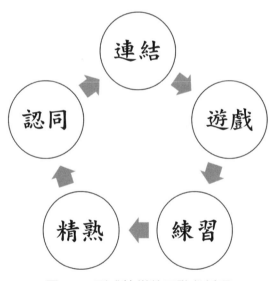

圖 3-1　形成快樂的五階段循環

一、連結

　　連結的概念帶動了快樂循環的運作，這也是形成快樂的最初及重要的一個步驟。不管孩子生理障礙與否，大自然仍賦予父母及子女向外尋找連結關係的本能。孩子與父母任何一方無條件的愛產生連結，是一個快樂成

人在童年的重要資產。美國精神科醫師與教授 Murray Bowen 在家庭治療的家庭系統論即強調夫妻（父母）怎麼運用思考過程一方面教導夫妻如何提升婚姻關係與生命本質，另一方面也提醒夫妻間絕對不要影響另一方與孩子建立的連結。

　　Bowen 指出家庭是一個「成團的情緒體」，家庭內同時存在兩股力量，一是尋求歸屬感，另一是尋求個體化。一個理想的家庭是家庭關係處於這兩股力量的平衡。當孩子為父母建立不同形式的連結，形同結合一個又一個的堅固的安全堡壘（secured base）。這種基本安全感能促進孩子願意做（can-do）及想做（want-to-do）任何事的精神，此種精神也將會建立孩子持久的樂觀，好奇的態度。

二、遊戲

　　遊戲是孩子的生活、工作、學習，只要孩子健康，他隨時就想要「玩」。遊戲是孩子自發性選擇他所喜歡的事，孩子玩遊戲沒有特定的外在目的，最主要是獲得內在的需求滿足。遊戲的好處很多，諸如培養想像力，熟練解決問題與合作的技能，舒緩內在孤獨，獲得和同儕一起玩的情感交流。遊戲讓孩子學會忍受挫折，即使孩子獨自一人，他也可以透過想像和玩伴一同神馳（flow），創造永恆歡愉的感受。甚至個人也可透過白日夢（daydreaming）的心靈遊戲倘佯在自己創造的人、地、事物的情境獲得快樂泉源。

　　「有夢最美，希望相隨」，個體能在夢中描繪幻想，日後必會強化個人自我的信仰，所以夢想和信仰是個體遊戲後所獲得的果實。遊戲主要的功能是讓孩子改變，因此遊戲的內在獎勵是遊戲本身。在遊戲中，兒童進入了「神馳」的心理狀態（Csikszentmihalgi, 1997），讓兒童忘了自己是誰及所處的時空，完全沉浸其所創造的歡樂當中，這無形中也引領孩子進入神馳世界，播下快樂的種子。

三、練習

　　遊戲中，孩子體會練習的力量，這也是 Piaget 的學習概念，當個體遇到環境的刺激，個體驅動內在的同化（assimilation）機制，經歷考驗和嘗試錯誤的練習，即使其中難免會有挫折，個體還是可以忍耐，因此，失敗常常是成功之母。

　　學習任何技能（例如，騎自行車、彈鋼琴、打網球等），心境中難免都會受過傷害，因為個體曾從過程中看到失敗的自己，有時會覺得自己笨拙，有時可能因獲得小小進展而自喜，但是最後的成功就是個體內在的激勵，促使個體持續努力，促成最後的進步與成功，如此一來，可能進入「精熟」（mastery）的階段。此外，當兒童投入練習時，會比較容易得到幫助，這也是蘇聯心理學家 Vygotsky 所說的鷹架（可以是同儕、父母或教練），這也是一個增進練習能力的重要技巧──獲得如何被協助、指導及帶領。

四、精熟

　　精熟（mastery）與鞏固（consolidation）是 Piaget 認知理論中所提及個體最終學習的完美結果。遊戲與練習的最終學習目的是對技巧的精熟，甚至日益求精。個體在練習與遊戲之後，經歷了「精熟」，隨之而來是個體的興奮、讚嘆及自尊感的建立。自尊的根基並不源於被讚美，而是個體對精熟的感受，當兒童學會一項新技能，他的自尊自然提高，驕傲感及快樂自然形成。

　　當孩子對某事件物逐漸「精熟」，父母不需特意讚美，但要引領他們感受那份「精熟」後所帶來的快樂，甚至自尊養成，自信形成，以及日後進取的精神及願意努力的真誠。

五、認同

　　精熟的下一個階段，自然是受同儕團體所讚美及認同。當孩子學會任何一件事時，父母總是喜孜孜拿出相機捕捉鏡頭，甚至拍照留念；當長大後，個體學會第一件事，如，騎腳踏車、打球的特技時，總是會加入同伴的行列以獲得更多的回應，而且會越來越期待更多不同人的認同。

　　事實上在別人對孩子產生認同之同時，孩子也會自然而然珍視自己的存在。然而在一些特別聰明的孩子，從小就能感受到別人對他們的期待，以及知道如何可以博取他人的讚美。因此在其一生中，將取悅他人視為一種遊戲，日積月累壓抑自己，即使終身到老也不清楚自己要什麼。

　　據此，兒童必須要懂得認同並珍視自己真實的自我，並獲得成功是來自個人內在的歸因，當個體對自己的認知與他人所給予的評價相符時，不僅會強化個體將事情做好的信念，更會使自己對本身所致力之信念有所歸屬。一旦個體感受被認同，個體便會感到與他人的連結，而形成日後對團體規範的服從，此更是道德行為的奠基。

　　綜合上述，以上五個階段，在發展進程上緊緊相扣，亦帶來令人驚奇的學習效益，如衝破逆境的能力及創造永恆歡愉的能力。當然，循環中的五個階段，並不完全會順利進行，若成人能以此循環策略當成引導基礎，孩子日後應會帶來意想不到的收穫。

　　孩子的道德自尊、自信的特質與行為並不是靠大人給予的，而是靠個人透過五階段循環來獲得，如同前述，個體的五階段循環好處很多，分述如下：（見圖3-2）

　　1. 連結：可獲得對生命的愛，對人的信任、安全感、勇氣、樂觀及有衝破逆境的能力。

　　2. 遊戲：能創造歡樂、體驗「神馳」感受，接受學習失敗，培養想像力與自信心，在渾沌中的從容態度及學習合作技巧。

　　3. 練習：可獲得控制力、紀律、堅持力及尋求與接受幫助的能力。

　　4. 精熟：培養自信、領導力、進取心、學習的動力、主動求知的渴

望、自尊及自發的動機。

5. 認同：對團體有歸屬感、道德行為、強化的動機、自尊及自我認同。

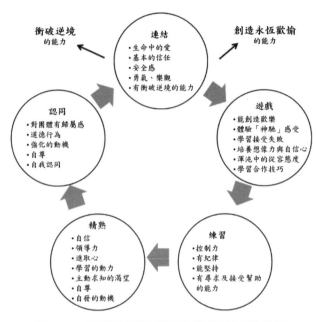

圖 3-2　五階段循環所帶來意想不到的收穫

結語

創造永恆歡愉的能力是靠孩子個人奠基於快樂種子的建構——五階段循環影響，這也是提供父母最完善的教養策略，是激發孩子發自內心的內在動機（力）。因為越仰賴外在支援，無論孩子或成人皆不會成為快樂的人，運用獎賞或處罰的外在驅動力（動機）只能單方面建立好的行為或消除不好的行為，缺乏內在動機不是激發孩子最好的方法。米哈里·契克森米哈依（M. Csikszentmihalyi）提出神馳（Flow）理論，以創造「內在自我體驗」（autotelic）一詞來形容擁有神馳體驗，自發驅動力的人。

「autotelic」源於兩個希臘字根:「自我」(auito)及「目標」(telos),也就是內在自我體驗。一個重視內在自我體驗的人,不會需要太多的物質佔有、娛樂、舒適、權力或名望,因為個體會從自己的神馳體驗獲得滿足的回饋(Csikszentmihalyi, 1997)。這也呼應了激進的教育評論家柯恩(Kohn)在他的著作《獎賞所帶來的處罰》(1993)強烈批判過度仰賴獎賞所導致的危機。

總括來說,父母在教養最常犯的錯誤迷思有:

1. 太著重於某外在的標的。

2. 常被「成就第一」的洪流淹沒。

3. 對孩子的期待無法連結,甚至漠視。

4. 壓迫孩子捲入競爭與成就的行列。

5. 缺乏建立親密的關係連結。

6. 不陪孩子玩遊戲。

7. 強調孩子要努力來給予愛及關懷。

8. 父母的社會適應,安全依附也可預測孩子的安全依附。

9. 愛孩子是要有條件的。

10. 給孩子太多,為孩子做太多本屬於孩子要做的事物。

11. 父母無限供應,為將來帶來極大危機。

12. 永不對孩子說「不」。

13. 不為孩子「設限」。

參考文獻

一、中文部分

熊思婷譯（2006）、E. M. Hallowell（原著）。**在童年播下 5 顆種子**。台北：信誼出版社。

二、英文部分

Csikzentmihalyi, M. (1997). *Finding flow: The psychology of engagement with everyday life*. NY: Harper & Row.

Fonagy, P. (2001). *chment theory and psychoanalysis*. NY: Other Press.

Kohn, A. (1993). *Published by rewards: The Trouble with gold stars, incentive plans, A's praise and other bribes*. NY: Houghton Mifflin.

第四章
正向教養，提升親職效能

學習目標

➤ 研習本章內容，學習者應能達成下列目標：

1. 瞭解阿德勒的正向教養
2. 找出幼兒問題行為背後的目的
3. 如何使用正向教養
4. 瞭解幼兒常見的教養困擾及如何因應

　　「正向教養」並非一昧的溺寵孩子，而是根據孩子的年齡發展與特質，透過適當的技巧，來引導孩子，觸發孩子行為動機，最後達成正向的學習行為取代負向行為。

　　在華人社會中，吾人常見的家庭情境有：「快點起床，不要再賴床了……趕快吃飯，快點做功課與學習！」；「不要再玩電動了，趕快結束，準備吃飯了」。每天父母在家庭的另一角落，開始叫喊，彷彿在幼兒期的父母型態不見了，每天只見父母大聲叫，小孩大聲哭，父母吼罵小孩，家庭一點也不清淨。過去的父母以為懲罰孩子就是管教：不打不成器，打了孩子才會記住。但「管教」（Discipline）意謂是管與教，是一種約束而不是摧毀孩子的自尊與自信心，懲罰孩子帶給孩子「我輸了」、「我沒能力」、「我錯了」的感覺，與父母期望孩子「有自信」、「自尊」、「懂得自愛」、「快樂」的結果完全背道而馳。

　　教養方式千百種，父母最為困擾的是該用何種教養方式，自己的教養方法是否有效？在美國的心理及教育界應用佛洛伊德學派的弟子，阿德勒（Alfred Adler）（1870-1937）的正向心理學，阿德勒生於奧地利維也納，是一位醫師、心理治療師，也是個體心理學派的創始人。阿德勒和佛洛伊德及榮格形成心理分析學派的三巨頭。阿德勒的理論是被現代教育界運用最廣泛的心理學家。

　　阿德勒提出自卑的人格，他認為「自卑是天性，想讓自己變得更好，更有能力，個體必須要從破除自卑，走向超越，這也是天性」。錯誤的大罵管教只會強化孩子的自卑，無助於將孩子變得更好。

　　近年來台灣為促使兒少福利服務的管理與發展能接軌國際，積極推動聯合國《兒童權利公約》，除了於2014年頒布《兒童福利公約》，並著手修訂2011年所訂的《兒童及少年福利與權益保護法》，以呼應聯合國《兒童權利公約》的精髓。國際《兒童權利公約》的四大兒童權利——生存權、發展權、參與權、受保護權，對兒童的最大衝擊即是家庭的親職教養及安置機構的親職教養。在全球趨勢下，社會與家庭制度皆有很大的改變，家庭對兒童的保護與照顧功能日漸薄弱，部分家庭甚至成為傷害或侵

害的來源。

第一節　阿德勒的正向教養

阿德勒（Alfred Adler）的正向教養方法（positive discipline）是一種以心理學為基礎，強調用民主的家庭氣氛及正向鼓勵的方式來教養孩子，對孩子日後的人格發展有深遠的影響。阿德勒主張父母應理解孩子行為背後的原因，幫助他們適性適齡發展。阿德勒主張「不打不罵」，引導孩子的動機，學習尊重自己及他人的教養方法。孩子自出生後，接受來自個人身體及外在環境的各種印象，創造出一套對自己，他人和環境的看法。如果孩子在他為人互動的環境感受是友善的，那便容易從正面的互動關係，找到自己在團體的定位和價值。「正向教養」主張協助照顧者理解孩子行為的成因，引導動機使父母能同一時間表現和善和堅定的態度（be firm but in the soft voice），更強調用「鼓勵」代替「處罰」（Bettner & Lew, 1989）。正向教養的主要概念包括民主平等、尊重的態度、瞭解孩子問題背後的真正目的，以溫和且堅定的態度，運用鼓勵，自然後果導引法來回應孩子的行為、培養獨立負責的孩子（未來 Family，2018）。

阿德勒提出每個孩子心中有四個渴求，分別是（1）有連結（connect），感到有所歸屬，自己有一席之地；（2）有能力（capable），自治自律，有能力自立；（3）有意義（count），有貢獻；（4）感到有價值及有勇氣（courage），有信心面對挑戰（見表 4-1）。孩子只要能掌握這 4C 原則，就能夠培養出有歸屬感、有能力、有價值感、有勇氣的孩子；相反地，若缺乏任何 C，就可能會產生不當的行為。

阿德勒認為：人所有的行為都有社會目的，最終追求的就是歸屬感、有能力、有價值和與人有連結，因此家長或機構的照顧者在照顧孩子期間應建構孩子歸屬感和成就感。而「孩子的歸屬感來自於父母或其他照顧者對他的認同」，所以父母想要教養發揮效用，最重要的前提是讓孩子感受

到被愛，對人有信任感及歸屬感。父母或照顧者要從孩子的行為瞭解他們的動機和需求，積極傾聽，有效溝通，讓孩子學習自律、負責任應對衝突以及處理個人學習與人際等問題。

表 4-1　阿德勒的 4C 原則

	若感到有……	若未感到有……	大人如何協助
有連結	感到安全、交友、合作、分享、求助	同儕影響、尋求注意、寧有負向連結而不是沒有連結	鼓勵合作互動：和孩子一起討論制訂家規和班規、合作學習 提供正向注意：不做比較、指認優勢和注意 表達接納：意見雖不同但接納孩子
有能力	感到信心、能自制自律、負責、自主自立	沒自信、不認錯、反抗、掌控他人、依賴、爭權	從錯誤中學習：鼓勵、聚焦於努力過程而非所犯的錯誤，看到孩子表現背後的邏輯 從過程（非完美）建立信心：注重進步、從優勢擴展、因人而異給予支持和挑戰
有意義	感到有價值、相信自己可以帶來改變、有貢獻	感到卑微、易受傷、傷害回去、報復、寧可負向影響力也不願意沒影響力	製造機會讓孩子覺得有用：提供均等參與機會、一起制訂規矩、提供選擇和討論 提供真實的回饋：孩子需知道自己貢獻的價值
有勇氣	會克服害怕、有信心和希望、面對挑戰時有抗壓力，必要時可獨自面對困難	自卑、挫折、無望、氣餒。容易放棄或迴避衝突、與眾不同	不要求完美，指出孩子不自知的優勢，不比較，高標準、高支持，不批評，不要「救」，不輕忽偏差行為

資料來源：Bettner & Lew (1989)。

第二節　找出幼兒問題行為背後的目的

阿德勒提出「目的論」，每個人的行為一定都有目的，主張社會為個人行為決定因素。阿德勒的學說經由美國一些精神醫師和心理學家，如

Dinkmeyer 和 Mckay（1976），Dinkmeyer 等人（1987）的開發拓展，使其理論更為清晰。其中研究阿德勒的心理學家德瑞克斯（Rudolf Dreikurs），將孩子不當行為背後的目的有四大錯誤目標分述如下：

一、引起注意

　　通常父母在生活中會鼓勵孩子自己獨立去完成某些事，不管是個人的成就、還是對家庭或其他人的貢獻，都能幫助孩子肯定自我存在的價值，而擁有歸屬感。如果孩子並未擁有這樣的機會，他就會尋求其他管道以達到類似的效果。例如，當父母親在看電視時，孩子若想引起母親的注意，可能會一邊玩積木，一邊隔一陣子就叫媽媽看一下他剛完成的作品；或是到房間去拿一本書要媽媽念給他聽；或是告訴媽媽他口渴，要媽媽倒水給他喝。如果母親非常專注於自己的電視，沒有對孩子的行動做出反應，孩子可能為了引起注意而進一步出擊，且可能就會採用破壞性的方式。例如，他可能會把堆好的積木弄倒、製造出吵人的聲音，或者翻書翻得很大聲，甚至於自己去倒水、把地上弄得溼答答的，或打破杯子。這時母親可能會生氣地停止她正在看的電視，過來罵孩子，然後做一些收拾殘局的工作，順便倒水給孩子喝；如此一來，孩子也就會常做出一些父母親所感到受不了的行為，而親子衝突的事就會一而再、再而三的以相似的情況出現了。其實這就是有了想「引起注意」這樣的目標，行為方式失當所造成的。

二、爭取權力

　　「小均，一個小時以前，我就教你將電腦關掉，你為什麼還不關掉？」爸爸很不高興的質問著兒子為何不關電腦做功課。「好啦！好啦！等我把這個遊戲打玩，我就去。」兒子回答。「我不要再聽到任何理由，你現在立刻給我關掉電腦，馬上做功課！」、「好啦！再等一下啦！我馬上就好。」十分鐘過後，電腦還是開著，遊戲仍然進行著，爸爸這時很生氣的

將門推開：「我叫你關掉電腦，你聽到沒有？你如果再不關電腦，下次你別想再碰電腦了！」

在這例子中，很顯然地，這個父親並不知道他的兒子為什麼不關電腦的原因，只是為了要與他爭取權力遊戲。他並不一定要贏，他只要能逼使父親去做一些事的時候，那麼他的目的就達成了。

孩子若未能在引起父母注意的策略上成功，會更加覺得父母真的擁有控制事情的大權力，自己才無法獲得想要得到的東西，因此，自己也必須想辦法爭得一些權力才行。於是在許多親子互動中，孩子開始與父母有所爭執，孩子想要藉由反對父母的話，照自己的意思去做，以向父母奪取部分的權力。

孩子的爭取權力，常會在一些破壞性行為中顯現。主動型的孩子是以反抗的方式來反應，總做些與父母所說相反的事。而消極型的則是採固執的態度，不輕易服從父母所說必須要做的事，會一再地拒絕去做，要是父母久而久之就放棄，自己就佔上風了。無論是主動型或消極型，都無非是要從父母手中奪取可用來指揮別人，使別人屈服的「權力」。

三、報復

如果一個孩子已用正面或負面的行為想引起父母注意，或以爭取權力的方式來得到關懷，卻都失敗了，他可能會進一步採取報復的行動。此時的孩子，因在權力遊戲中失敗，自知自己手上的權力不如人，因而不在乎行動的結果是否得到什麼，而是想造成對別人的傷害（就像別人運用權力傷害了我一樣），讓別人也嚐嚐這種受傷害的滋味，這也就是報復了。例如，孩子在與父親的互動中，未能「贏得」權力的話，他可能會以肢體的方式來表達，例如打破爸爸心愛的藝術品、破壞桌面，或以語言方式來表達，或破壞電腦等。而父母遇到上述情形時，一定會很氣憤臭罵孩子一頓或給他一巴掌，那孩子就成為贏者，孩子會因在權力無法勝過父母，又被迫接受一些行為，在權力戰爭中，孩子是失敗者，所以他們才以報復的手

段來平衡自己的心情。

　　總之，孩子想用報復的方式，讓父母傷心、生氣，體會一下孩子在親子互動的角力戰中，內心所受到的傷害及相伴隨的感受。這樣的孩子，感覺報復對他而言，似乎也是一種得到權力的感受。

四、自我放棄

　　如果根據以上三者為目標所採取的策略都失敗的話，孩子感到極端失望、無助，他們認為自己乾脆什麼也不用做了，就面對失敗的結果好了。孩子所感覺到的是，做什麼都不對、都不成功，因而無須再做任何努力了。因為他完全得不到他所想得到的注意、關愛或歸屬感。這樣的孩子可能會變成極端孤僻，只想獨處。不管父母如何給予鼓勵，似乎都沒有效果，無法重拾孩子的信心。如此也容易造成父母非常生氣與不解，無法接受孩子這樣的行為，長期而言，很容易變成一天到晚懲罰孩子，甚至打心底就排斥這個孩子，使得親子關係陷入無底深淵中。

第三節　如何使用正向教養

　　溫和且堅定的正向教養是打造孩子自信的基礎，有自信才能有自尊，而有自尊才能尊重他人。Jane Nelsen 在其著作《溫和且堅定的正向教養》就指出：懲罰會帶來 4 個「R 後果」——憎恨（Resentment）、報復（Revenge）、叛逆（Rebellion）及退縮（Retreat）。小孩有樣學樣，如果大人用打罵對待孩子，小孩就去打更小的孩子或動物出氣，因為不舒服的情緒也要找出口宣洩。溫和且堅定的教養風格也是 Diana Baumrind 所倡導的高要求，高關懷的民主教養風格（見圖 4-1）。

　　對孩子來說，規矩可以帶來日後行為的依歸，是必要的；如果大人缺乏堅持，孩子會不斷地挑戰大人的底限，然而，父母要做到態度堅持且溫

和實在不容易，當孩子不斷地挑戰父母的底限，大人也會因而感到自卑，
而採取自我防禦、攻擊，制止孩子的任何反抗行為，但這種教養不會讓孩
子行為變好。教養小孩需要靠父母的自省，自我察覺，如果父母沒有機會
反思自己的管教風格及對小孩的影響，那父母會不自覺使用不當的教養風
格。

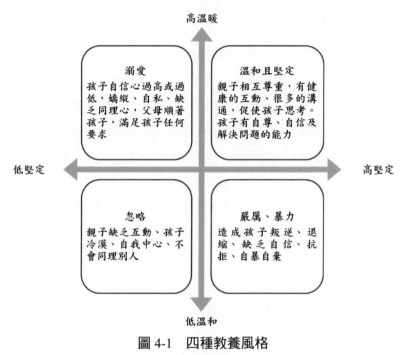

圖 4-1　四種教養風格

第四節　幼兒常見的教養困擾及如何因應

現代父母越來越重視如何教養孩子，孩子在各個不同發展階段，父母
所面臨的挑戰與困擾也有所不同，在此過程中需要持續反思，甚至認識自
己，採取適用幼兒不同階段的正向教養原則，以培養幼兒日後有好的情緒
及社會行為發展。

一、出生至 18 個月的教養困擾

（一）手足衝突：爭奪玩物

　　手足禮讓不是理所當然，孩子在不同年齡層次，要放在一起已不容易，還要分享為合作更為困難。哥哥姐姐禮讓弟弟妹妹是父母的一廂情願，要讓哥哥姊姊願意禮讓，需要父母的引導以及情境的模仿，這是一輩子的課業。弟弟妹妹因沒有哥哥／姐姐的玩具，一定很有挫折。父母可以在孩子旁邊輕聲說：「你好想玩，好難過，但是沒辦法，那是哥哥的，哥哥現在在玩。」即時不一定聽的懂，但聲音柔和態度堅持，待孩子發洩完情緒，再用其他物品轉移注意力或詢問哥哥是否願意和弟弟分享。

　　★因應策略

- 同理寶寶，透過共享、平穩情緒，達到安撫效果，解釋寶寶行為原因，培養孩子同理心。

（二）睡眠困擾：睡眠不規律，常常半夜嚎啕大哭

　　當孩子半夜醒來，嚎啕大哭，父母需檢視寶寶醒來的原因，可能是生理需求不滿足，年齡層因素，例如，小於六個月大的嬰兒，容易在夜間裡醒來或餓了需要喝奶，是否有心理需求，例如驚嚇反射，是否有分離焦慮，是否有生活變動或者是孩子氣質因素所影響。一般嬰兒在六個月大之前平均睡眠要 14-17 小時；一歲之前平均睡眠要 12-15 小時；1~2 歲的幼兒需 11~14 小時；3~6 歲的幼兒需要 10~13 小時，至於 6 歲之後的兒童則需 9~12 小時。寶寶或幼兒與成人的睡眠不同，大都在淺眠期。

　　★因應策略

- 在寶寶有睡意但仍清醒時，就要安撫寶寶睡覺。
- 利用日夜環境線索，鼓勵孩子在夜間睡眠。
- 滿月後不刻意中斷寶寶夜間睡眠。
- 佈置良好且一致的睡眠環境，提供孩子有安全感的物品。
- 提供寂靜無聲的房間，類似子宮的環境（例如，開車的搖晃、包

　　緊、有聲音）。

（三）幼兒安全：好動、好奇、小事不斷的傷害事件

　　孩子活動力十足，到處爬、到處玩，受傷不斷。寶寶永無止境的探索各種人事物，充滿好奇心，而父母也隨口制止、打罵，甚至情緒也處於高度負面。

　　★因應策略
- 利用溫和堅定的表情與動作讓寶寶理解父母的界限。
- 雖然已教導過孩子不可（NO），但並不能代表孩子能夠完全遵守。
- 善用轉移注意力的技巧。
- 口語同理安撫。
- 以「可以」的行為代替「不可以」。

（四）情緒表達及控制──幼兒喜歡咬人，攻擊別人

　　孩子在八、九個月後，因長牙的原因，喜歡咬東西，尤其當有挫折時，說時遲，那時快，一口就咬下去，而且喜歡咬同一位小朋友，這種情形常常造成托育機構及家長的困擾。一歲半之前的孩子無法控制情緒，尤其身處於口腔期，追求個體自主，小孩時常不清楚自己的不同情緒或想法，導致難自我控制。

　　★因應策略
- 事先告知對孩子的行為期待。
- 保持冷靜，才能協助孩子。
- 辨識情緒，同理孩子，協助解決。

（五）寶寶情緒安撫調適：哭鬧不停

　　寶寶常見的哭鬧原因有身體不舒服、作息環境改變、分離焦慮期或外在刺激與聲音等。寶寶哭鬧常令照顧者慌張，哭鬧是他們正常的表達方式

之一。中國人的習俗是孩子不應常哭鬧，讓他哭夠了自然會停止；相對地，美國的保育觀念是小孩哭必定是有需求要表達，首先必須要安撫他。寶寶哭鬧不停情緒難以安撫也常令托育照顧者產生壓力，甚至造成不當的管教或照顧行為，時有所聞。

　　★因應策略

- 哭鬧是寶寶正常的溝通方式，照顧者應保持情緒安穩。
- 觀察寶寶表達的訊號，判斷哭鬧原因。
- 哭鬧頻率變高，需要留意，考慮是否生病、需求未滿足、睡眠時間不足或品質差。
- 找到寶寶能承受的範圍讓他練習成長。

（六）分離焦慮——環境適應不良

　　孩子自六個月後開始會有陌生人焦慮，九個月之後開始會有分離焦慮。在嬰兒期重要關鍵是培養孩子的安全感，並能與周遭環境建立連結（connection）。當孩子對照顧者及環境無法產生安全感甚至對照顧者產生依戀，他一定會焦慮、不安，而且造成其日後不能和人產生歸屬的親密感。

　　★因應策略

- 事先安排準備，父母不焦慮，漸漸改變寶寶才能有好的適應。
- 找到寶寶熟悉物品及規律，寶寶安心、父母放心。
- 用溫和堅定的語氣在分離前告知，重逢後表達愛與關懷。
- 尊重並與其他照顧者溝通，堅持父母才是孩子最主要的親密歸屬來源。

二、18個月至3歲的教養困擾

（一）缺乏生活的自理能力

　　孩子正處於發展「自主」的心理階段，什麼事喜歡自己來，但老是無

法達成完成活動的要求。肯定孩子在生活上的自主練習,努力表達好的動機,才能幫助孩子日後勇於嘗試的動機。

　　★因應策略

- 肯定孩子的自主行為。
- 協助孩子獨立自主。
- 孩子做不好是正常的。
- 不要用打罵或處罰方式來要求孩子。
- 當孩子表現精熟行為,要適度稱讚。

(二) 事事反抗,堅持自己所作為

　　喜歡說「不」(No),反叛是這時期孩子身處「自主」階段的自然行為,認知發展上處於「自我中心思考」(egocentrism thought),覺得世界仍然是以滿足他的需求來運作,於是只要達成「我可以」的經驗來促使他的自我中心達成。然而孩子也會在此時期,想要探索更大的世界,但卻又怕失去自己的依附對象,而造成情緒不平穩。

　　★因應策略

- 事先告知對孩子的行為期待。
- 同理與支持孩子想要的動機。
- 對孩子的自主權要設定範圍。
- 保持彈性提供協助。
- 以「可以做」來代替「不可做」的行為。
- 維持正向氣氛,誘導孩子合作動機。
- 在安全範圍下,讓孩子承擔自然合理的結果。
- 要打斷孩子活動前,要預先告知。

(三) 缺乏人際互動技巧

　　孩子在此時期常因認知及互動有限,缺乏正確及有禮貌的人際互動,例如看到長輩,不懂如何叫人,每次和朋友或長輩聚會,都覺得好丟臉,

如果當面訓斥，那種歡樂氣氛又會變得好僵。

　　★因應策略

- 瞭解孩子先天氣質，尊重個別差異。
- 「禮貌」的真正含意是以尊重的態度與他人互動，並能夠理解、同理別人。
- 對面對的情境，預先告知及練習不強迫、不當面評論。
- 利用榜樣學習與引導。
- 協助孩子在自然情境多練習。

（四）慢飛天使：孩子發展比較慢

　　有了孩子常有「被比較」的情形，親戚、家人、鄰居、朋友都把焦點放在我的孩子，偏偏我的孩子又不是那般優秀，事事超前，讓父母覺得人心惶惶，不知如何是好。

　　★因應策略

- 所有行為參照發展常模，若有疑慮，諮詢專業人員。
- 羞辱會摧毀孩子自信心，甚至造成習得無助感。
- 早期發現、早期療育。
- 找到孩子優勢，建立孩子自我信心。

三、3~6 歲的教養困擾

（一）忌妒弟妹出生——行為退化、缺乏安全感

　　3~6 歲孩子有可能面臨家中弟妹誕生，卻出現動不動就大哭，發脾氣、哭泣，甚至還有咬指甲等困擾的退化行為。由於孩子覺得弟妹會佔據爸爸媽媽，而出現爭寵行為甚至還會攻擊弟弟妹妹，孩子由於缺乏安全感，又不能理解弟妹的到來會發生什麼事而感到不安。準此，給予孩子安全感，透過語言和具體行為讓孩子瞭解爸媽的愛不會減少，皆可發揮很大的安撫效果。

★因應策略

- 盡量給孩子安全感。
- 讓孩子預知將會發生哪些事情。
- 理解孩子會有的情緒。
- 利用圖畫書講解弟妹出生會發生什麼事。
- 強調孩子長大了，利用成就感造就手足關係。

（二）家中教養不一致，孩子被寵上天

孩子在家庭中最好有固定的主要照顧者，通常是父母，其他大人則擔負輔助的角色。小孩在三代同堂的家庭，由於少子化，爺爺、奶奶、姥姥、姥爺常搶著哄孫子，或是親子有衝突，長輩老是當作擋箭牌，此時的教養又不能一致，造成爸媽很困擾。

★因應策略

- 先建立原則，再與長輩溝通。
- 從「為孩子好」的角度進行溝通。
- 表達感謝並建立長輩的教養成就感。
- 當有教養衝突時，當下溫和且堅定的制止。
- 避免找理由或用親子當籌碼。

（三）同儕爭執或衝突──常被告狀、人際受挫

孩子在人際上屢遭挫折，常見的原因很多，例如孩子個性較為霸道，會打人或動作粗魯易傷到人；過於害羞，容易被忽略或欺負；認知或口語表達能力不好。然而，大人聽到自己的寶貝孩子受挫、受委屈，而是不是一次偶然碰到，在事情真相尚未釐清，常急著要「主持公道」，可是打在一起的孩子，又是最常玩在一起。

★因應策略

- 先同理，後引導。
- 相信孩子，也要相信老師，先不急於找原因。

- 多元方式，多管齊下判斷事件影響。
- 找出問題根源，才能對症下藥。

（四）喜歡對性器官探索，玩弄

3~6 歲處於佛洛伊德所稱的性蕾期，喜歡對身體各部位的探索是必經階段，性器官的探索亦然。不過此時孩子對性的探索，不像青春期對性行為探索般，這個年紀會因撫摸生殖器而有興奮、舒服感受或出現一段時間的著迷；除此之外，孩子也可能跟同學相互「探索」或是對大人的性器官感興趣。三歲之後，孩童已瞭解性別的穩定性（例如，一個人的性別是不會隨時間而改變的），四歲之前孩童開始能分辨男性和女性的特性與行為。

★因應策略

- 大人不吃驚，孩子不心驚。
- 用引導、轉移，代替防堵、恐嚇。
- 頻率太高、內容怪異、不明傷口、情緒異常是警訊。
- 進行身體自主權的性教育。

（五）慢郎中，動作慢半拍，心不在焉

有很多原因造成孩子慢吞吞，例如，氣質、沒睡飽、肌肉無力、容易分心⋯⋯等，這些問題未能找出，頻頻催促孩子，只會造成親子關係的緊繃。

★因應策略

- 找出問題原因，再尋解決之道。
- 預留時間，大人不焦慮，減少衝突。
- 以自然合理的後果來建立個人負責的態度，用自然處罰而非人為處罰方法，讓後果教育孩子。
- 用遊戲、競賽來提升行為趣味及動機。

結語

　　正向教養的主要概念包括持民主平等、尊重的態度，瞭解孩子問題背後的真正目的，以溫和且堅定的態度，運用鼓勵，自然後果導引法來回應孩子的行為、培養獨立負責的孩子。本章以阿德勒提出的 4C 原則，其假定：每個孩子心中有四個渴求，分別是（1）有連結（connect），感到有所歸屬，自己有一席之地；（2）有能力（capable），自治自律，有能力自立；（3）有意義（count），有貢獻，感到有價值及（4）有勇氣（courage），有信心面對挑戰。孩子只要能掌握這 4C 原則，就能夠培養出有歸屬感、有能力、有價值感、有勇氣的孩子；相反地，若缺乏任何 C，就可能會產生不當的行為。「正向教養」主張協助照顧者理解孩子行為的成因，引導動機使父母能同一時間表現和善和堅定的態度（be firm but in the soft voice），更強調用「鼓勵」代替「處罰」。

參考文獻

一、中文部分

未來 Family（2018）。為何台灣難脫離「打罵教育」的輪迴？專家道出台灣父母「打了就會記住！」的觀念有多恐怖。**風傳媒**，2021/05/21 取自 http://api. nexdoor.stormmediagroup.com/lifestyle/455645#Google_Vignette 。

二、英文部分

Bettner, B. L. & Lew, A. (1989). *Raising kids who can*. London: Connexions Pr; Revised edition.

Dinkmeyer, D. & Mckay, G. (1976). *Systematic training for effective parenting: Parent handbook*. Circle Pines, MN: American Guidance Service.

Dinkmeyer, D., Mckay, G., Dinkmeyer, D. (Jr.), Dinkmeyer, J., & Mckay, J. (1987). *The effective parent*. Circle Pines, MN: American Guidance Service.

第二篇
家庭教育

第五章

家庭教育與服務

學習目標

➤ 研習本章內容，學習者應能達成下列目標：

1. 瞭解家庭教育意涵

2. 瞭解家庭服務意涵

3. 兒童福利服務的三級社區處遇模式

　　人一生當中要接受三種教育，家庭教育、學校教育和社會教育。而對一個孩子最重要的便是人生開始階段的家庭教育，要想正確的教育孩子，家長需要形成正確的養育觀念，掌握切合的教育方法，合理的利用教育資源。然而，有太多父母沒有意識到家庭教育的意義所在，總以為教育孩子是學校和老師的事情，卻不知道孩子在出生的時候就已經開始在接受父母的教育了，不管教育的方法是否科學得當，家庭教育的影子最終都會最直觀的顯現在孩子的身上（煋雲，2019）。家庭是孩子的第一所學校，父母是孩子的第一任老師，家庭教育是教育孩子的起點和基點，良好的家庭教育是造就孩子成才的必要條件，也是優化孩子心靈的催化劑，家庭教育的好與壞將直接影響孩子的一生！家庭是每一個人出生時第一個接觸到的環境，父母是孩子的第一位老師。「家」是社會最小的單元，卻是最重要的單位，每一個人除了基因之外，最重要的就是受成長環境的影響，所以父母或每一位家庭成員，都有彼此相互交叉學習的影響。

　　維琴尼亞・薩提爾（Virginia Satir）（1916-1988）是一名來自美國的家族治療工作者，她原先是一名教師、社會工作者，後來開創並發展了屬於自己的薩提爾模式（The Satir Model），並運用於家族治療中。她相信，不論外在條件如何，在這個世界上，沒有人是無法做出改變的。她也相信，人類可以實現其所想要實現的，可以更正向、更有效率地運用自己。薩提爾在其著作《家庭如何塑造人》（*Peoplemaking*）就提出家庭是「做人」的工廠。而更為重要的品德教育和良好行為習慣的養成，包括生活、勞動、學習等，培養孩子良好的道德品質，教會孩子如何學「做人」，這一切都是需要父母來對孩子進行教育和影響的。

第一節　家庭教育

　　家庭教育影響人的心理質素，對個人成長發展佔有重要的地位。心理質素是從小培養的，若小孩從小就在健康的家庭教育下成長，便能有更健

全的心理質素；反之，如孩子從小便在破碎家庭成長，未能在家庭中得到關愛時，日後他們的性格將變得悲觀，心理質素較差，就有較大機會影響日後的人生，舉凡家庭暴力、失學兒童或是青少年濫藥等問題都與家庭教育有關。自小受良好的家庭教育，小孩成長踏足社會，大都能遵守法律，長大後大都是個奉公守法的好公民，所以家庭教育的確能影響人的心理質素。

家庭教育通常認為是在家庭生活中，由家長（其中首先是父母）對其子女實施的教育。即家長有意識地通過自己的言傳身教和家庭生活實踐，對子女施以一定教育影響的社會活動。而按照現代觀念，包括：生活中家庭成員（包括父母和子女等）之間相互的影響和教育。目前，一些發展國家在廣義上這樣定義家庭教育，指具有增進家人關係與家庭功能之各種教育活動，其範圍如下：（1）親職教育；（2）子職教育；（3）兩性教育；（4）婚姻教育；（5）倫理教育；（6）家庭資源與管理教育；（7）其他家庭教育事項。家庭教育之教育目標應是：在孩子進入社會接受集體教育之前保證孩子身心健康地發展，為接受幼稚園、學校的教育打好基礎。

在台灣，家庭教育是指具有增進家人關係互動與提升家庭功能之各種教育活動，包括：親職教育、子職教育、性別教育、婚姻教育、失親教育、倫理教育、家庭資源與管理教育、多元文化教育、情緒教育、人口教育等十項，（《家庭教育法施行細則》第二條）。政府制定《家庭教育法》，為的是能徹底落實家庭在教育當中的基本功能。家庭是每個人最初接觸的場所，家庭教育對個人的人格或品格發展非常重要，父母給予孩子正確的教導，孩子自然能夠成為有品德的人。家庭教育隨時隨地都存在，父母之言行舉止對孩子的影響深遠；因此不只是從零歲開始的教育，更要在平常生活與孩子互動相處同時，給孩子灌輸正確的品格觀念。隨著經濟的快速發展及資訊的發達，社會環境發生了極大的變遷。物質生活的改變，讓人們生活上更加舒適，但也改變了人們的價值觀。傳統的倫理道德日漸淪喪，人們的「自我中心」及「功利主義」盛行，讓現在的社會亂象叢生。現代的父母，生於威權時代，多數在沒有愛、尊重與傾聽的教養環境中長

大，不想重蹈自己童年的痛苦，也渴望跟下一代建立更親密、平等的親子關係；或生於工商服務時代，父母汲汲於賺錢，卻不知如何陪伴孩子、或因忙碌愈來愈多家長，放棄使用過往權威、體罰的方式管教小孩，卻教出過度被保護及被溺愛的孩子。面對新環境、新挑戰，所有關心孩子品格與價值發展的父母，都需要重新思考家庭教育對品格發展的重要性。

2010 年「台灣家庭現況」調查結果，有五成五的夫妻在吵架後選擇以冷戰取代溝通，手機關機、有事就請孩子傳話，孩子成長過程中觀察到父母間的應對是冷漠的，未來與人的信任感會很難建立，甚至成家後，對另一半的信任感也可能不足。冷戰比吵架更具殺傷力，因為情緒找不到適當出口，「溝通不良」也是許多夫妻離婚的一大原因。調查也發現，有四成七的夫妻不會和對方擁抱，三成五的夫妻不會和另一半談心。孩子從小在不穩定的夫妻關係及沒有良好溝通、充滿愛的環境長大，將來出現偏差行為的機率高。

美國學者 Kevin Ryan 曾提倡品格教育的六 E 策略（The six E's of character education），摘述如下：（王金國，2007）

1. 典範學習（Example）：教師除要以身作則外，並可介紹歷史或現實中值得學習的楷模，教師亦可以透過角色扮演，讓學生去體會楷模的內在感受。

2. 啟發思辨（Explanation）：在品格教育上，不應只是要求學生背誦與遵守規則而已，教師應與學生真誠對話，進一步指導學生瞭解各規範背後的涵義與價值，讓學生真正瞭解其涵義。

3. 勸勉激勵（Exhortation）：透過影片、故事、體驗教學活動及生活教育等，勸勉激勵學生實踐品德核心價值，鼓勵他們表現出良善行為。

4. 環境形塑（Ethos）：教師要營造一個讓學生感受到彼此尊重、重倫理的環境。學校要建立具品德核心價值之校園景觀、制度及倫理文化。

5. 體驗反思（Experience）：學校或教師安排機會，讓學生藉由活動實

際參與來體驗這些品格內涵，讓抽象的概念變成日常中實際接觸的事件。學校可推動服務學習課程及社區服務，實踐品德核心價值。

6 正向期許（Expectations of Excellent）：協助學生自己設定合理、優質的品德目標，並能自我激勵以具體實踐。以多元方式評量學生在品德核心價值之認知、情感、意志與行為的提升。

心理治療師艾米·莫林（Amy Morin）在《心理堅強的父母不會做的13件事》（*13 Things Mentally Strong Parents Don't Do*）一書中寫出父母能做到下列八件事就能養育出高抗逆性的孩子。

1. 讓孩子掙扎：不要讓孩子太容易成功。
2. 讓孩子經歷拒絕：他才能學會應對挫折。
3. 不縱容弱者心態：只有自己強大，才能解決自己的問題。
4. 情緒上支持孩子：同理孩子，讓孩子感受父母的理解。
5. 教孩子振作的技巧：在孩子面對挫折時，教導孩子對自己的情緒負責。
6. 承認錯誤，修復錯誤：教養錯誤變成示範，教孩子如何面對錯誤。
7. 肯定孩子努力的價值：告訴孩子努力比好成績更為重要，學習是重過程而不是結果。
8. 教孩子表達情緒：情緒宣洩才是健康，當孩子能正視自己的情緒，就會找朋友傾訴或運動出氣。

熊玠非（2015）指出：下一代的成功，責任主要落在父母身上；家庭教育的下列原則，可以幫助孩子日後有所成功。

1. 讓孩子做家事。
2. 教導孩子們社交知識和技巧。
3. 對孩子期望高。
4. 家庭關係融洽。
5. 受過較高等的教育。
6. 從小就對孩子表現足夠的關懷、鼓勵和愛。
7. 不過度關懷孩子，也不過度要求自己。

8. 從小就教導孩子數學邏輯概念。

9. 注重付出的努力多於成果。

10. 父母的職業也是孩子的社會典範。

11. 父母有較高的社經地位。

然而，在「台灣家庭現況」調查中，有一項結果令人擔憂，有六成的父母不知如何教小孩。在這種情形下，更加凸顯學校品格教育的重要，甚至親師合作的親職教育也日愈重要。

第二節　家庭服務

台灣《兒童及少年福利與權益保障法》第23條規定：直轄市、縣（市）政府，應鼓勵、輔導、委託民間或自行辦理兒童及少年福利措施，包括對兒童其家庭提供諮詢輔導服務（第3款）以及辦理親職教育（第4款）。馮燕（1994）受台灣內政部委託所做的「兒童福利需求初步評估之研究」發現：由於家庭照顧與保護功能受損、衰退或喪失之後，導致兒童福利需求日趨殷切，故維護家庭功能是最能預防兒童遭遇不幸之基本計策，又投資預防防線之1元經費可比事後矯治、安置的3~7元治療費用更具實益。王麗容（1992）受台北市社會局所委託之「台北市婦女就業與兒童福利需求之研究」發現：台北市兒童之家長對於支持性兒童福利之需求順位相當高，包括：親職教育、諮詢服務、兒童問題諮詢服務、婚姻問題諮詢服務、家人關係諮詢服務等家庭諮詢服務等，占了五成以上。此外，內政部統計處（1997）在1995年所做的「兒童生活狀況調查」資料中也發現：台灣地區家長之育兒知識來源絕大多數是來自「傳統育兒經驗（長輩親友傳授）」、「同輩親友討論」居多，絕少是來自「參與婦女、親子、育女有關座談、演講活動」或「參與保育方面的訓練課程」。而《天下雜誌》在1999年11月特以0~6歲學齡前教育為主題做了一系列的專刊報導，其中更以1999年10月間針對台灣學齡前兒童之家長進行「兒童養育

與親子關係調查」，其發現：現代父母都希望當個好父母，有 69.0% 之父母認為孩子是 3 歲看大、6 歲看老，0~6 歲是一生最重要的發展關鍵期。有 31.6% 認為培養孩子健全人格發展是首要責任，但是他們卻也表示不知如何教養兒童，可以顯現現今家長在養育子女之認知與行為間存有一段落差。

環顧今日台灣社會的家庭，面臨各種變遷，衍生各種問題，如壓力日增、離婚率不斷提升，使得破碎家庭數目漸增，單親家庭、再婚家庭問題也隨之而來，此種情形造成兒童及少年產生問題行為甚至造成犯罪事件。

兒童家庭福利服務在實行方面大致可分為兩類：一為家庭服務機構，其功能在解決個人與家庭的問題，舉凡父母管教子女的問題、家中手足關係緊張、夫妻婚姻關係失調、失業、住屋、工作壓力使得父母扮演親職角色的困難，都可以藉由家庭諮商服務獲得改善；另一為兒童輔導中心，亦為兒童諮詢輔導，主要在於解決兒童適應及行為問題，舉凡兒童發展的問題、人格問題、反社會行為、精神病變問題、心身症、兒童在家庭或學校中與同儕團體關係不佳、學業表現低落、學習困難、情緒困擾等，都可藉由對兒童本身進行輔導諮商來改善兒童的適應問題。兒童家庭福利服務，即為針對兒童本身及其所處的家庭環境兩方面，提供適當諮詢，雙管齊下，直接及間接促進兒童福祉。

家庭服務，源起於慈善組織（charity organization），以美國為例，係在 1880 年逐漸形成，1930 年代，因「經濟大恐慌」（the Great Depression），除對受助者提供經濟上的支持以外，更因服務方式的演進，與受助者為友，透過個人的影響力及社工員的興趣，協助案主運用具體資源以自助，服務功能也從賑濟定位至解決人際關係的困擾、情緒問題、家人關係問題、親子問題、婚姻適應問題。直至 1950 年代，此服務之重點的轉變為社會大眾所接受，美國家庭服務協會（The Family Service Association, 1953）宣示，機構主要宗旨為「增進家人和諧關係、強化家庭生活的正面價值、促進健康的人格發展及各家庭成員滿足的社會功能」（鄭瑞隆，1997）。而兒童諮詢服務則最早源於對青少年犯罪問題的研究，從四個方

面來瞭解兒童及青少年，包括：以醫學檢查兒童生理特質與能力；以心理
測驗評量兒童智慧能力；以精神科面談來評估兒童的態度與心理狀況；探
討兒童生命發展史及社會環境。從生理、心理及社會來探討兒童問題行為
之原因，為今日兒童諮商輔導的主要診斷方法（鄭瑞隆，1997）。

　　台灣目前的兒童家庭福利服務在家庭諮詢服務部分多由社政單位配合
教育單位以及部分民間團體，如「救國團張老師」、社會福利機構實施。
依據行政院 1986 年三月核定「加強家庭教育促進社會和諧五年計畫實施
方案暨修正計畫」所成立之「家庭教育服務中心」，在全省共有 23 個縣市
提供家庭諮詢服務工作服務，加強家庭倫理觀念，強化親職教育功能，協
助父母扮演正確角色，引導青少年身心之健全發展，協助全省民眾建立幸
福家庭，促進社會整體和諧。家庭教育服務中心是我國專責推廣家庭教
育機構，兒童及家庭諮詢為其工作項目之一。此外，省政府社會處指示台
北、台中及高雄等三所省立育幼院（2000 年後配合廢省已改為北、中、
南部兒童之家），設置兒童諮詢中心，截至 1990 年七月止，3 所累計接案
次數達 4,216 件，且彙編個案資料編印成書，拓展兒童福利宣導。衛生福
利部於 2013 年因應行政院組織法改制，並於 2019 年參考嬰幼兒發展理
論，邀請職能治療師與兒童臨床心理師針對照顧者對 0~6 歲照顧時常遇到
的教養問題提供正向教養策略（衛福部，2019）。台北市政府社會局亦於
1975 年十月即成立兒童福利諮詢中心，提供有關兒童福利措施之解答。
民間一般社會機構（如信誼基金會、家扶中心、友緣基金會）及諮商輔導
機構（如救國團張老師）亦常附設「家庭諮詢專線」提供民眾有關子女教
育、管教問題、親子關係失調的電話諮詢，或是定期舉行開放式的親職教
育座談、演講，或是透過與廣電基金合作製播探討及解決家庭問題（如
《愛的進行式》）之戲劇節目以推廣家庭服務。

　　兒童問題輔導方面，則以台大兒童心理衛生中心、北區心理衛生中心
以及各醫院提供的兒童心理健康門診，提供有關兒童精神疾病、問題行
為、身心障礙等復健及治療服務。一般兒童福利機構亦提供家長及兒童有
關學業輔導、人際問題、問題行為以及發展特質等諮詢服務。

　　綜合上述，台灣目前部分機構提供兒童與家庭諮詢服務，但就王麗容（1992）的研究推估顯示，僅台北市一處便有十萬名以上的家長需要支持性兒童福利服務。「一九九二年及一九九五年台灣地區兒童生活狀況調查」亦顯示，家長認為在面對養育子女時所面臨的困難有兒童休閒場地及規劃活動不夠、父母時間不夠、不知如何培養孩子的才能或如何帶孩子、課後托育及送托的問題等等，且在管教子女的過程中亦曾遭遇子女愛吵鬧、脾氣壞、說謊、對子女學業表現不滿意、情緒不穩、打架、父母間或父母與祖父母間意見不一致，甚至不知如何管教子女等難題，而處理這些難題的方式，通常是家長採取自己的方法解決，或者是向學校老師、親朋好友求教，而向專業的政府機構或是民間機構求教者未達 3%（內政部統計處，1997）。

　　除此之外，家長對於政府所辦理的兒童福利機構或措施的利用及瞭解情形，除了公立托兒所、兒童教育及休閒設施等福利機構較為知道且利用外，其餘的兒童福利服務措施包括有：兒童生活補助、親職教育活動、個案輔導、寄養家庭、醫療補助、低收入兒童在宅服務、保護專線、兒童養護機構均顯示不知道而未利用。在王麗容（1992）的調查研究中亦有結果顯示，家長認為目前政府應加強辦理的兒童福利措施包括有：兒童健康保險、增設公立托兒所托嬰所及課後托育中心、增設兒童專科醫療所、醫療補助、籌設兒童福利服務中心、推廣親職教育、增加兒童心理衛生服務等項目，每一項目均有超過 9% 以上（最高的有 50% 以上）的兒童家長人口表示應加強該項福利服務措施。若以 1992 年及 1995 年台灣地區兒童生活狀況調查結果來推算，因應上述需求的綜合性家庭福利服務機構在我國實為數不多，甚至缺乏，相對地，我國從事兒童及家庭諮詢的專業人員目前亦缺乏整合（內政部統計處，1997）。

　　反觀日本與美國，在日本，兒童相談所（即兒童諮商所）為一根據日本兒童福利法所設置主要專門的行政機關，兼具兒童福利服務機關以及行政機關的雙重角色。而且兒童諮商所的設置，乃斟酌該區域兒童人口及其他社會環境以決定管轄區域之範圍，切實提供日本家長與兒童諮商服務。

另外，在美國亦有社區心理衛生中心及兒童諮詢機構深入社區以服務民眾，對於僅需協談與諮詢即可加強其功能的家庭而言，成效頗佳。

第三節　兒童福利服務的社區處遇

　　兒童福利的社區處遇服務提供有三道防線，家庭與兒童諮商服務乃屬第一道防線，若能在兒童與家庭出現問題時，立即提供輔導與支持，防微杜漸，或許可預防因為發現問題而使兒童遭受不可磨滅的傷害。第二道防線的處遇是家庭功能出現一些症候（symptoms）時，家庭還是要扮演重要照顧功能，政府提供一些經濟補助、暫時的兒童照顧或居家照顧服務。替代性的兒童福利服務是兒童福利的第三道，也是最後一道防線，更需花費更多的時間與金錢資源，目的在針對兒童個人之實際需求，一部分或全部替代家庭照顧的功能。換言之，當子女陷於非常危險的境地，需要短暫或永久的解除親子關係，而提供家外安置，始能維護兒童少年之權益，安置時間的長短要以「兒童及少年最佳利益」為考慮。社區處遇服務的三道防線的分類及功能，分述如下：

一、第一道防線的處遇

（一）家庭諮詢與輔導

　　台灣依《兒童及少年福利與權益保障法》，要求各級政府應設兒童少年及家庭的諮詢輔導機構。地方政府各村（里）的社會福利中心做為社會安全網的統一視窗，提供脆弱家庭之危機預防服務。台灣針對6歲以下兒童設有托育資源中心，各地方政府設有社教館，興辦親子教育。與此類似，日本在各二、三級政府設相談所；美國在各州政府下各郡設心理衛生中心。未來制定兒童與家庭輔導與諮詢福利服務之家庭照顧政策時，或可參考的因素有：

1. 人口因素：不同發展年齡之兒童人口數量。
2. 行政機構：規定設立一定比例之兒童少年與家庭福利服務之行政專
   責機關，並提供綜合服務。
3. 研發工作：鼓勵相關研究，包括：兒童發展、社會個案工作、家族
   治療、調查兒童生活狀況等研究工作。
4. 專業社工：專業人員的養成教育及訓練工作。
5. 行政配合落實社區：社政單位應與教育部門配合，以社區為中心，
   以家庭為單位實施，如於各級學校內增設家長與學生輔導室，或於
   衛生所區公所設立家庭諮詢中心，社區內設立兒童心理衛生中心。
6. 立法明令：界定兒童心理衛生中心，以及兒童與家庭諮詢服務中心
   的設立範圍與標準。

（二）家庭津貼

台灣有托育津貼、特境家庭子女生活津貼，而歐盟與日本提供全面性
的兒童及家庭津貼。

（三）未婚父母服務

台灣及美國提供未婚媽媽及子女的服務，主要的方式是收容未婚媽媽
待其生產後，提供專業性的服務，以減少未婚媽媽的壓力及罪惡感，並對
其子女提供適當的安置及收領養的安排。

（四）兒童少年休閒娛樂

依 2011 年《兒童及少年福利與權益保障法》及 2014 年《兒童權利國
際公約》的規定：各地方政府應設兒童少年娛樂場所，在 6 歲以下設有親
子館、玩具圖書館及提供兒童少年休閒機會與宣導。

（五）兒童虐待的宣導

台灣各級政府每四年辦理兒童少年生活狀況調查，瞭解各地方兒童及

少年事故傷害及兒童虐待之成因，並做預防之干預政策，並設有一般及責任通報。美國訂有兒童虐待預防方案，各級政府針對兒童虐待之成因，擬定宣導及預防之策略並設有一般及責任通報制度。美國在支援性兒童服務提倡家庭維繫避免兒童被家外安置（out of home placement）。

（六）發展遲緩

各級政府每四年興辦兒童生活狀況調查，瞭解發展遲緩及身心障礙家庭兒童需求及接受服務現況。6歲以下托育機構定期提供適齡篩檢，轉介鑑定機構，利用社會工作針對發展遲緩兒童及家庭的需求，應用個案管理、處遇技巧，協助轉介至相關單位接受療育服務及獲得適切的社會資源。各級政府提供發展遲緩通報制度及早期療育發展篩檢服務，全面推行學校社會工作，強化兒童心理衛生。

二、第二道防線的處遇

（一）托育服務

各級政府設有親子館及育兒友善園、嬰幼兒物資交流中心、育兒指導諮詢服務、臨時托育資源、0~3歲公共托育中心及準公共化托育中心、0~6歲托育津貼、3~6歲非營利幼稚園、6~12歲課後托育中心及家中育有5歲以下兒童，享有財稅抵免制度。

（二）經濟扶助

各級政府提供經濟扶助，計有弱勢家庭兒童及少年緊急生活扶助、弱勢單親家庭子女生活補助、弱勢單親家庭子女教育補助、弱勢兒童及少年生活扶助、發展遲緩兒童早期療育費用補助等。

（三）居家照顧

居家照顧服務在過去並不是很普遍，此種方案計畫是由兒童福利機構

所提供兒童福利計畫一部分，其目的在補充父母不能充當家庭責任或執行親職時，或兒童在特別需要（如生病），而父母無法滿足兒童照顧需求時，或家庭在危機時（例如，住院、入監服刑），為了維繫家庭結構的完整及保護兒童，居家照顧服務得以產生。在家服務或居家照顧亦是居家照顧服務的方式之一，也是老人與兒童福利服務共有的專案。最早普遍使用在老人在宅服務，尤其是獨居老人或輕、中度機能失調的老人，自90年代逐漸應用到兒童的居家照顧服務。居家照顧服務最早在1903年，紐約市首先為窮人設立「家庭服務」，現今瑞典更有專任的居家照顧服務員為老人家庭提供服務。兒童的居家照顧服務是一種補充性的兒童福利服務，尤其對兒童是否安置在家以外的機構考慮時，居家照顧服務有緩衝作用，如瑞典的職業婦女因孩子生病時，可以委託社區中的父母行使居家照顧服務。台灣目前的居家照顧服務係由政府結合民間的力量共同辦理，與美國大同小異，此類工作人員皆要接受專業訓練，差異之處為台灣是給薪雇有居家照顧服務員，而美國是引用志願服務工作者。

三、第三道防線的處遇

「家」是兒童很重要的避風港，當兒童不能自由選擇來到現實世界，誰又能給予他身心靈保障。家庭是兒童滿足生活需求、社會化，賦予親情依戀及保障和保護免於受到傷害的第一及最基本的場域，然而面對快速社會變遷的台灣，離婚率及不幸婚姻促使家庭破碎，青少年性早熟，性開放致使非婚生子女無人照顧或因父母管教不當，造成兒童需要家外安置的數量逐漸上升。替代性的兒童福利服務是兒童福利的第三道防線，也是最後一道防線，更是花費更多時間與金錢資源，目的在針對兒童個人之實際需求，提供一部分或全部替代家庭照顧的功能。換言之，當子女陷於非常危險的境地，需要短暫或永久的解除親子關係，而提供家外安置，始能維護兒童少年之權益，安置時間的長短要以「兒童及少年最佳利益」為考慮。

寄養服務

寄養服務一般可分為家庭寄養與機構寄養兩種，但大多均以家庭寄養為考慮，所以寄養服務也可直接稱為家庭寄養，換言之，寄養服務是為社區處遇之第一道防線（支援性兒童福利服務）及第二道防線（補充性兒童福利服務）之後，仍無法將兒童留在家中照顧時，才考慮使用的方法。

1. 家庭寄養

寄養服務衍生的方案，例如，寄養少年自立生活、寄養兒少多元性療育、治療性寄養家庭、寄養家庭創傷依附關係（DPP）訓練、性議題的寄養兒少治療、認知行為修正治療、寄養家庭諮詢服務、寄養家庭喘息服務、寄養家庭親子諮商輔導、特殊兒少需求與照顧技巧知能教育、自願工作服務等。

2. 安置機構寄養

機構安置與教養服務在過去（60 年代之前）一直是兒童福利的主要業務，尤其對於一些貧童、兒童虐待個案、非婚生之子女或原生家庭不適合擔任教養角色等。機構式又以相關教養機構或育幼院為主，是屬於兒童安置照顧體系裡的最後一道防線。機構安置種類早期是以中途之家、團體之家，近年來也朝向參考瑞典的小家庭團體之家。過去的機構收容失依、失怙，現在則是失依、失怙、保護型、違反性交易、性剝削、性侵害及犯罪導向。機構安置工作人員以保育員、生輔員為照顧主軸，社工則負責個案管理及資源轉介；小家混齡式有其照顧的優點，但缺點則是容易造成大小孩對小小孩形成霸凌。

結語

　　人一生當中要接受三種教育，家庭教育、學校教育和社會教育。而對一個孩子最重要的便是人生開始階段的家庭教育，要想正確的教育孩子，家長需要形成正確的養育觀念，掌握切合的教育方法，合理的利用教育資源。家庭教育之教育目標應是：在孩子進入社會接受集體教育之前保證孩子身心，健康地發展，為接受幼稚園、學校的教育打好基礎。薩提爾在其著作《家庭如何塑造人》（*Peoplemaking*）就提出家庭是「做人」的工廠。而更為重要的品德教育和良好行為習慣的養成，包括生活、勞動、學習等，培養孩子良好的道德品質，教會孩子如何學「做人」，這一切都是需要父母來對孩子進行教育和影響的。本章提供兩個觀點：（1）家庭教育的重要性在於統整過去分散在生活中有關家庭的意涵，透過教學、體驗、省思（進而實踐），使家長學會包容、接納、欣賞別人，建立樂觀進取的婚姻及育兒觀。要達成此一教育理想，家長不僅需要對家庭及個人需求有深入的認識之外，也要對家庭教育有獨特的見解，並將此二者融合在一起，形成一套個人的家庭教育態度與價值觀。（2）台灣如何將家庭之支持與服務，視為兒童少年福利服務的第一道防線，其功能在：若能在兒童與家庭出現問題時，立即提供輔導與支持，防微杜漸，或許可預防因為發現問題而使兒童遭受不可磨滅的傷害。

參考文獻

內政部統計處（1997）。**中華民國八十五年台灣地區兒童生活狀況調查報告**。台北：內政部。

王金國（2007/10/1）。品格教育的實施策略與活動設計。**教育研究月刊，162，**79-87。

王麗容（1992）。台北市婦女就業與兒童福利需求之研究。**台北市政府社會局委託**

　　研究計畫。

煜云（2019）。**論家庭教育的重要性**。簡書，https://www.jianshu.com/p/78c7dfadc20。

熊玢非（2015）。11 條原則讓你養出優秀的孩子。**天下雜誌**，https://www.cw.com.
　　tw/article/5072813。

衛生福利部（2019）。**用愛教出快樂的孩子──0-6 歲正向教養手冊（三版）**。台
　　北：衛生福利部。

鄭瑞隆（1997）。兒童家庭福利服務。收錄於周震歐（主編），**兒童福利**。台北：
　　巨流圖書公司。

第六章

親職教育

學習目標

➤ 研習本章內容，學習者應能達成下列目標：

1. 瞭解親職教育與其需求

2. 瞭解親職教育方案

3. 親師合作與父母參與

4. 親師合作的好處與障礙

　　在兩歲以前，母親（或其他的主要照顧者）一直是孩子最主要的守護神、養育者及照顧者。到了兩歲以後，孩子的社會化擴大了，父親亦成為孩子社會化中主要代理人之一。相關研究一直指出親子互動品質好，可以促進孩子性別角色認同，傳遞社會文化所認同的道德觀，增加彼此親密的依戀品質，促進孩子玩性（playfulness）發展，亦有助於日後同儕互動的基礎。環視國內社會，有關兒童的問題（如事故傷害、精神、身體的虐待）層出不窮，青少年問題（如自殺、犯罪、學業挫敗、逃學等）日趨嚴重，探究其因素，總是與家庭結構及互動品質不善有關，其中更由親子關係不良、父母管教不當而造成，也誠如國內知名教育及心理學家張春興博士所言：「青少年問題種因於家庭，顯現於學校，惡化於社會。」所以，家庭遂成為造成社會問題的隱形因子。國外心理及家庭治療大師維琴尼亞‧薩提爾（Virginia Satir）也提出：「家庭是製造人（Peoplemaking）的工廠」，家庭是提供孩子社會化及教育的場合，它能造就孩子的成長與發展，但不良的家庭互動也會傷害孩子。

　　不到三、四十年，台灣逐漸脫離「以農為生」的農業時代，躋身於工業發展社會之林，家庭型態亦隨之有了重大的改變，以往身兼教育功能的大家庭已不再盛行，取而代之是獨立、疏離於社會的小家庭型態。

　　現代的家庭伴隨太多的不穩定性，如婚姻失調（平均每三對結婚就有一對離婚，而離婚率增加勢必也會使單親家庭增加）、貧窮、壓力、加上社會支持不夠，終至衍生了許多問題。此外，社會變遷如人口結構改變、家庭人口數減少、家庭結構以核心家庭為主；教育水準提升，個人主義的抬頭導致婦女前往就業市場；兩性平等造成家庭夫妻關係及權利義務分配日趨均權；社會經濟結構的改變，使得需要大量勞力工作機會降低，取而代之是服務及不需太多勞力的工作機會提增，也刺激婦女就業意願；經濟所得的提增以及通貨膨脹上升，婦女為求家庭經濟生活的充裕，也必須外出工作，以提升家庭的物質生活品質，因而造就了婦女成為就業市場的主力，甚至衍生了雙生涯家庭（目前約有 52％ 的婦女勞動參與率）。

　　家庭本身並無生命，家庭組織成員賦予生命。在家庭中，家人關係是

互動的動態系統，不是固定不變，它隨時都在改變與調整。家庭更是人類精神與物質所寄託的重心，雖然家庭功能會隨時代變遷而改變，但有些基本的功能則不會因時代和社會之不同而改變。Burgress 和 Locke（1970）將家庭功能分為固有的功能和歷史的功能。固有的功能包括：愛情、生殖和教養；歷史的功能包括：教育、保護、娛樂、經濟和宗教。不過因時代變遷，原有屬於家庭的功能也逐漸被政府及民間等組織制度所取代，如托嬰中心、幼兒園的托育機構或學校之教育機構。

由於父母的親職角色功能不足，加上父母的錯誤認知；認為托（教）機構不但要成為「訓練機器」，而且也是代管孩子的場所，是孩子應「及早」且「待愈久愈好」的主要社會化的機構。如果托（教）育人員與父母的教養方式不同，孩子會增加其適應的不安與焦慮，更會使得孩子在父母及托（教）機構的雙重忽略下，延滯其發展的重要時機。

以往老師是罕見的，家長與老師的關係並不密切。雖然昔日孩子在生活上過得相當困苦，但孩子至少有一定簡單、安定及嚴格的限制（教養），生活方式彈性較小，親職教育就不太需要；而今日的世界，家庭和社會形貌與往昔大不相同，老師和家長更處於一個複雜、快速變遷的世界，它們有許多的立場及責任要分工與協調，甚至更要合作，才能共同積極幫助孩子謀取最佳福祉，這也是親職教育的概念緣由。

第一節　親職教育源起與需求

親職教育可以分為廣義及狹義的雙重意義，廣義的親職教育是指所有的父母成為健全的父母，狹義的親職教育是針對某些不健全的父母而實施的再教育過程。我國於 1993 年兒少福利法修正之後，台灣強制性親職教育便有法源依據，同時也開始親職教育由政府依法執行歷史的新頁。黃德祥（1997）指出親職教育重視子女身心發展的需求，強調父母如何學習有效地教養或教育子女的方法與技巧，在子女發展過程中適時與適切地提供

助力，使子女健全成長、關注子女的特質與個別差異，強調誘導、鼓勵、民主與助人技巧的有效應用，教育的重點是父母。親職教育的實施內容包含甚廣，實施內容大致分為：父母角色認同、子女發展與適應問題、幸福美滿家庭的孕育、家庭結構與溝通以及社會資源的有效應用（黃德祥，1997；邱書璇等，1998）。

　　台灣親職教育的推廣除了透過教育部的家庭教育司，並配合社政單位或社會服務團體（如托教機構、基金會等）實施一系列的親職教育。所謂親職教育，筆者簡單給予一直接的定義：有系統、有理論基礎的方案，主要目的及用意是喚醒家長對於教育子女的關心與注意，從中協助獲得社會資源或幫助家長擔負為人父母的職責，配合學校、社會及家庭提供兒童最佳的成長環境，以幫助孩子的成長與發展。

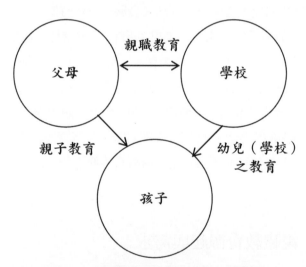

圖 6-1　兒童與其社會化系統之關係

　　孩子的成長，家庭是他成為社會人、感染社會化歷程的最主要及重要的環境。在家庭中，除了父母在受孕瞬間所提供的遺傳信息外，其餘都是由其成長所接觸的自然與社會環境所影響；及其成長中，孩子漸漸脫離家庭，而接觸其它的社會環境（如家庭、托育機構），於是這些環境遂成為

孩子成長及社會化的第二重要環境。總括而論，這些環境變成孩子成長的生態系統的環境。而這些環境對孩子的社會化有親子教育（父母對孩子）、及幼稚（學校）教育（老師對孩子），而家庭與學校之合作則為親職教育（參考圖 6-1）。

一、親職教育的源起

親職教育最早在美國源於 1910 年代，由中產階層的父母來參與學校的活動以瞭解孩子的需求，直到 1960 年代，由於美國政府基於經濟社會法案（The Economic Opportunity Act）提出啟蒙計畫（Head Start），尤其針對低收入戶（主要是單親的女性家長）來進行父母參與學前教育及老師積極涉入家庭教育，而使得家庭與學校的環境配合，以相互作用來促進幼兒的學習。之後，由教育學者（如 Thomas Gordon）發展一些父母效能及老師效能的方案（PET 及 TET）來教育父母及老師相互合作，參與親職計畫，藉著刺激孩子早期學習環境關鍵因素的改變，來改善孩子的學習機會，進而發揮智能及學習潛能。所以，親職教育是成人透過「再教育」，走入孩子內心世界，捕捉他們生活經驗，為孩子追求優質的成長與發展的機會。親職教育適用範圍是孩子及其相關的家人，而且親職教育也應往下扎根，擴及到未結婚及已結婚並即將為人父母者之教育，包括婚前、產前之兩性及親職訓練，預先告知日後之角色以提早做好準備及規劃，以期日後扮演好夫妻及父母的角色。相關的親職教育的研究亦明白顯示：親職教育方案對於母親在改善教養子女的態度與行為有大幅改善，對其親子關係有明顯的幫助。甚至馬利蘭大學幼兒教育及發展系（The Department of Early Childhood and Development , Univ. of Maryland）的 Dr. Fein 也專門針對父親作親職教育，在有系統設計父親參與孩子活動，參加 8-12 週的成長團體之後，結果發現：父親表示他們更瞭解孩子，也增加與孩子的親子關係，媽媽們更有閒暇時間（以做為母職角色的喘息），夫妻關係更加親密，更重要的是孩子的情緒與智力發展有明顯的進步，遊戲的層次也提增

很多。而其它研究也指出父母積極參與孩子的活動對於孩子認知能力、學業成就、考試分數及自我概念皆有長期的效果；相對地也增加父母對孩子的瞭解，對教育感到興趣及發展自我效能感（sense of self-efficacy）。

二、親職教育需求

誠然，沒有人是完美的父母，也沒有當父母沒犯過教養上的錯誤，大多數為人父母是承襲上一代的教養方式（世代轉移）來教養子女。此外，大多數為人父母也是當了父母，才開始學習為人父母，邊教養邊修正是普遍的情形。近年來，大環境與價值觀的改變，有許多管道（社區或電子資訊等）可以修習親職教育的訊息，而且許多非營利機構也將親職教育的訊息與觀念友善性融入日常生活中。然而，父母研習親職教育卻是道德性居多，倒是還有一些人是強制性，可能因為管教或對待兒少不當而必須透過法令接受 8-50 小時的強制性親職教育輔導，這種非志願性參與也是執行親職教育課程的最大挑戰。

親職教育毋庸質疑以家庭為單位，故親職教育方案的實施主要目標乃是賦權（empower）父母／照顧者的親職能力，對父母／照顧者的自我成長、兒童發展與特殊議題、相關教育與輔導、處理父母本身的問題、瞭解適切的教養方法……等。參與親職教育的父母可能的需求，分述如下：

1. 引導家長理解過去孩提的被教養經驗，影響現在的教養價值觀：部分家長承襲上一代對他們的教養方式，認為「不打不成器」、「棒下出孝子」是為孩子好、愛孩子的表現，造成嚴厲的打罵教養風格。

2. 父母／照顧者對法律及相關教養知識的缺乏：父母／照顧者對兒少發展知識不足及相關法令不熟悉，加上望子成龍、望女成鳳，導致用打罵教養的不當管教。

3. 家人及婚姻關係不佳，影響家庭生活適應：家長因夫妻關係衝突（離婚、分居、怨偶），造成兒少成為代罪羔羊、父母的出氣筒、傳聲筒、垃圾桶，造成夫妻、親子關係緊張。

4. 父母／照顧者缺乏情緒抒發與管理方法：父母／照顧者被負向情緒
所影響，對自身的情緒管控與瞭解不足，衝動之下造成不當管教憾
事。

5. 改善家長精神狀態及不良成癮狀態：父母／照顧者疑似精神疾病、
藥癮、酒癮、及人格違常，自身狀況不佳，自然影響照顧品質。

6. 社會資源取用不足及能力缺乏：社會政策及相關 NPO 組織提供服
務資源可對家庭產生的變故，如經濟壓力、親人病故、失業、甚至
大環境（如 COVID 19）的變遷，幫助家庭穩定，降低家庭壓力及
困境。

第二節　親職教育方案

父母是人，非神也！然而父母最常被責難而非教育與訓練。

—Thomas Gordon

在 1930 年代佛洛伊德精神分析論提出家庭互動如何影響兒童日後之
人格，行為主義強調行為修正的方法改變孩子的不良與偏差行為。1960
年代之後，親職教育受到人文主義理論之影響，漸漸發展出不同親職教育
模式，之後也漸漸在美國與加拿大流行。

本小節介紹幾個在美加地區深受人歡迎，而且具有不錯成效的親職
教育課程——例如：Thomas Gordon 的「父母訓練」、Don Dinkemey 和
Gary Mckay 的「父母效能系統訓練」（Systematic Training for Effective
Parenting, STEP）、Michael Popkin 的「積極親職」，以及「改善育兒中
心」（Center for the Improvemant of Child Caring）所編訂的「自信親職」
（Confident Parenting），茲分別說明如下：

一、父母效能訓練

在 1975 年 3 月 14 日《紐約雜誌》（*New York Times*）的標題將父母效能訓練（PET）描繪為國家運動。內容描述父母效能訓練最早在加州的 Pasadena 於 1970 年出版《父母效能訓練》書籍，並以一個 17 人的父母團體開始，短短 12 年期間已成長至 25 萬團體，在全國五十州並擴及到外國，如加拿大，甚至到全世界，在 1975 年已有近 7,000 位專業人員在教授親職教育課程（Gordon, 1975）。父母效能訓練主要是教導父母要注重、關心孩子心理上的感受，而不是凡事只看其行為結果，是行為而給予獎賞，完全不考慮任何動機或想法。Gordon 認為父母並不需要運用太多威權，以強勢的方式來影響子女，而只要試著瞭解子女的想法，也讓子女瞭解父母的想法、感受，就會有助於親子之間的互動（黃倩儀，1998）。此外，Gordon（1975）更認為父母常因為子女的不良行為而受到指導和要求，但是他們並沒有足夠的機會去接受教養子女方法的訓練。

Gordon 的立論源於 Carl Rogers 個人中心諮商理論的哲學，在尊重與信任的前提下，相信每個人皆是有能力，能自我引導，且能過著美好的生活。此理論最重要有兩大原則，茲分述如下：

（一）彈性原則

彈性原則即是運用非一致性支援原則。Gordon 認為大多數父母太過於強調一致性的重要，沒有給自己視情況而變通的餘地，反而造成許多困擾。父母為了達到一致性而訂下了規則，如要求孩子每天九點準時上床睡覺，但碰到特殊情形（如有客人來、出遠門等）而無法照常執行時，往往沒有設法讓孩子瞭解整個狀況、好好處理，反而讓孩子覺得原來規則其實是很容易加以改變的。如此一來，「一致性原則」的理念因執行不當而效果適得其反。另外，父母雙方彼此的一致性也是常被強調的。然而 Gordon 認為父母堅持必須站在聯合陣線上有時反而會限制了父母兩者各自發揮所長後加起來所能得到的效能。最重要的還是在於要視狀況而變

通。雙方對於孩子在大方向上的期許若能取得共識是最理想的；但在執行過程中實際該如何運作，則是視當時情況及個人之所長來決定，無需訂下兩人皆非遵守不可的死規則，反而破壞了原有能相輔相成的父母效能。

（二）問題歸屬原則

Gordon 認為當親子之間有問題產生時，宜先確認問題歸屬於誰。父母與孩子間的衝突，很多都是需求未能獲得滿足，需求的不滿足，將導致情緒的產生，衝突因而形成。Gordon 以行為四角形（如表 6-1），來協助父母辨別問題的歸屬，並配合有效的技巧來解決問題。

表 6-1　行為四角形

小孩擁有問題（困擾）	可接納區	積極傾聽 （同理孩子、引導孩子自我解決問題）
無問題區（困擾）		進行機會教育的最好時機
父母擁有問題（困擾）	不可接納區	回應我訊息（動之以情，說之以理），不帶負向評論具體描述其行為

根據表 6-1 顯示，可得知對於問題的歸屬可以分為「可接納區」與「不可接納區」茲說明如下：

1. 可接納區

當父母沒有情緒時，也就是可以接受的部分即為可接納區，在這個區域內，可能是孩子的需求未獲得滿足而產生情緒。可用口語、非口語的接納及傾聽，表達對孩子同理的理解或者使用預防性、表白性、肯定性我訊息。當孩子的情緒得到支持、紓解後，再鼓勵孩子以問題解決步驟練習自行解決問題。也有可能是父母與子女皆沒有需求，或需求被滿足。在父母效能訓練中期望在問題解決後，擴大無問題區的範圍。

2. 不可接納區

當父母被孩子不當行為困擾而有情緒時，無法接納孩子之行為，即處於不可接納區；此時，父母可使用面質性我訊息及問題解決之第三法來化解衝突。

二、父母效能系統訓練

父母效能系統訓練來自於阿德勒學派（Alfred Adler, 1870-1937）的影響。阿德勒學派所倡導的個體心理學認為人類的基本需求是歸屬感，人類所有行為皆是目標導向或是未來導向的。崔克斯將阿德勒學派的這些主要概念運用到親職教育上，而後鄧克麥爾與麥凱等人（Dinkmeyer & Mckay, 1976, 1989; Dinkmeyer et al., 1987）則發揮崔克斯的想法更進一步設計了一套完整的親職教育模式，即「效能親職系統化訓練」。

父母效能系統訓練有兩個基本理念——影響子女本身態度與信念形成之因素及兒童不當行為之目的，茲分述如下：

（一）影響子女本身態度與信念之形成

家庭中有許多因素（例如，家庭氣氛、家庭星宿、父母管教方式）會對子女產生影響。因此，父母效能系統訓練十分重視個人與其環境的互動以及造成彼此之間的影響。早期較強調父母的特質影響子女之行為或子女的特質影響父母的行為（如溝通）。1980 年代之後，Belsky 則強調父母與子女雙方之間皆會彼此相互影響。

（二）兒童不當行為之目的

Adler 認為人的行為皆是有目標的，Dreikurs 為小孩的不當行為列出其四大「錯誤的」目標，包括：引起注意、爭取權利、報復及自我放棄。會有這些目標是因孩子誤以為如此可以獲得他所渴求的「歸屬感」。

三、積極親職

　　Michael Popkin 是一位兒童輔導與親職專家，曾留學奧地利與英國，是「積極親職」中心的創辦人兼主任。此課程在 1989 年問世，課程內容主要包括許多困擾青少年父母的管教問題，如性行為、藥物濫用。美國在 1970 年及 1980 年面對快速社會變遷，使得家庭產生一些「不確定感」的影響（Popkin, 1991）。而台灣近十年來，同樣的面臨這樣的問題，父母急切地需要一些新的、有用的資訊來告訴他們如何教養孩子以適應新時代的需求。美國因有這樣的需求，促使許多專業人員開始提供父母親職教育的課程，如諮商人員、社工人員、心理學家、老師、心理顧問等。而台灣親職教育的實行，仍以校園裡的老師或校方請專家作演講，也對父母較為方便，因而也有較多的參與；另外則有一些民間機構所辦的一些親職講座或相關活動，這些活動所吸引的對象多半是一些對於教養子女較積極的父母，因而就整個社會層面而言，其所發揮的影響力仍是有限的（黃倩儀，1998）。

四、自信親職

　　「自信親職」之訓練方案由「改善育兒中心」所編訂，是由著名的親職教育專家 Kerby T. Aluy 所創辦。該中心每年在加州主辦「加州親職教育領袖會議」，該中心並設有「全國親職教育協會」同時也是親職教育推廣的重要機構之一。

五、ABC 方案

　　ABC 是針對過去對童年逆境經驗（Adverse Childhood Experience）的研究指出，不當照顧在日後對個人的生理／心理健康有很大負面影響，整個社會及醫療體系也要承受很高的成本代價。

　　依附與生理行為復原方案（Attachment and Biobehavioral Catch-up

Program, ABC），此方案目標對象是有童年逆境或創傷經驗的六個月大至四歲的嬰幼兒及其照顧家長，包含被照顧的幼兒有遭受虐待、疏忽、被安置出養等照顧者轉變的情形（Dosier & Bernard, 2017）。

ABC 方案是一個專訪式的親職方案，親職培力師（parent coach）會直接到被服務的家庭中進行親職方案。一次方案共進行 10 次課程，每次課程約 60 分鐘，會全程錄影，用以家長進行回饋討論及對親職培力師的督導使用。ABC 分為 6 至 24 個月嬰幼兒（ABC Infant 方案）及 24 至 48 個月的幼兒的 ABC Todder 方案。

ABC 方案的特色是以依附為基礎的處遇，生物行為介入及使用當下回應的即時回應來做為親職干預的治療技術。ABC 方案是以證據為本（evidence-based），應用實驗設計及理論基礎來證實有效的親職方案，結果顯現，透過 ABC 方案的兒童在皮質醇調節（Bio factor）、依附行為反應（attachment）、內在及外在行為問題及情緒調解和發展層面等皆比未參與 ABC 方案的童年逆境經驗的幼兒有顯著的效果。

六、Safe Care Project

Safe Care 方案的前身是美國的「Project 12-Ways」，該方案嘗試透過親職訓練來增強兒虐或疏忽的家長在 12 個面向的親職效能，後來經過聚焦和簡化成為現時的 Safe Care 方案（Gershater-Molko, Lutsker, & Wesch, 2003）。此方案認為家庭需要健康、居家環境安全及親子互動三個照顧要素，以做為家長的親職能力的考核。

朱崇信（2020）提出 Safe Care 方案具有五個特色，分述如下：

1. 結構化的操作：手冊化的操作方式、結構性的親職訓練、訪員培訓和成效評估，讓此方案具有信度。

2. 生態行為取向：此方案強調在家庭的自然田野環境，而不是在實驗室或診間採用行為改變技術來增強父母的育兒行為等親職效能。

3. 以優勢為基礎：Safe Care 方案會鼓勵家長參與目標發展，並讓他

們選定最困擾或最希望進行的親職項目來進行練習。此種方案強調要和受服務者建立正向的連結、受服務者的協同參與等。

4. 方案的文化適應：Safe Care 除了基本的服務模組外，也可因應不同需要或文化來進行調整和擴展，以提升家庭保護因子為目標相結合，也可以達到不錯的效果。

5. 運用影像回饋：Safe Care 方案也有知情同意（consent form）的錄音或錄影服務，以為日後方案的督導和評估，並幫助訪員提供更有效的服務。

Safe Care 方案具有嚴格的訪員訓練和認證制度，讓訪員能忠實地執行方案，是具有信度的方案，也使此方案能不斷地被複製，並有不失真的效果。最重要的是參與此方案更有實徵研究證實，具有心理健康及親職效能的顯著效果。

第三節　親師合作與父母參與

親師合作是親職教育的最高境界，換言之，親師合作最重要在於鼓勵父母的積極參與（parental active involvement or participation），並藉著共同參與學校有關政策的訂定、幫助父母如何再教育、籌募基金、籌畫義工父母時間、提供資源、並與老師交換育兒／教養兒童的資訊，使兒童在不同的社會化受到連續性的一般照顧的目標之下，以獲得最好的親職或較好的托育照顧。Peterson（1987）為家長參與提供了一個實用的定義：（1）以教育性介入為目的，並有責任為幼兒和家長提供服務；（2）參與與兒童有關的課程活動，此一活動之目的在於提供父母資訊及協助父母扮演自身的角色。從此定義來看，家長參與包括某些可能的服務和活動，可廣義地區分為下列四種：

1. 專業人員為父母做的或是提供給父母的事物：服務、資訊、情感支持和建議。

2. 家長為該親職計畫或為專業人員所做的事：籌募基金、宣傳、倡導方案或蒐集資訊。

3. 家長與教師合作以做為課程延伸的事物：在家中或在學校中教導或個別指導兒童。

4. 家長與教職員共同執行與課程有關的一般性活動：聯合活動的計畫、評估與執行，以訓練者和受訓者的身分合作，討論兒童共同興趣的活動主題，或是做為兒童的協同治療師（Peterson, 1987）。

這四種廣義的家長參與類型，從父母親被動到積極主動的角色不等，因為家長的需要是多元的，所以學校必須判斷哪一種參與是教師課程所最需要。而為了更能鼓勵家長的參與，基本上，學校的課程應包括：（1）允許隨時改變家長參與的層次及型態；（2）個人化的風格及參與的次數應符合父母、兒童、家庭及課程所需；及（3）為了達成有建設性及有意義的結果，提供父母可選擇的活動及選擇的權利。因此，父母的參與並不是只允許父母參與一些不會挑戰到老師的專業見解或學校決策權力活動的低層次父母參與（low-level parental participation）；相對地，是要提供父母自我決策機會，並把父母當作是一可貴資源的高層次父母參與（high-level parental participation）。因此，在設計一個家長參與的計畫時，教師必須確定可以擁有來自學校及行政方面的支持，以及確定學校中有其他人樂意幫忙，當然，教師也必須確定擁有執行計畫的技巧，及資源所在；能找出樂於支持及參與此計畫，並從參與中獲得成長的家長。

近年來，對於家長參與計畫的重視，家長已被視為決策的參與者，而不只是教育機構的委託人。家長對於社區學校的關切及家長要求在所有層級的教育政策制定時，家長的意見應被充分瞭解，這也可視為父母親應擔負教育其子女的責任。

家長參與他們孩子的教育有其教育上、道德上及法律上的理由。顯然孩子是父母親的主要責任，家長應參與教育方面的決定。任何教育課程的成功與否，家長參與是關鍵的因素，尤其是在那些特別設計給有特別教育需求兒童的課程（Brofenbrenner, 1974），當家長與學校成為合作的關係之

後，和兒童一起合作可以超越教室空間，進而可以促進在家與在校學習獲得相互支持。

　　台灣今日的兒童及青少年問題日趨惡化，社會變遷是主要成因之一，其它的因素則是家庭、學校與社會的教育環節失去配合與連貫，家長將教育的問題推給學校，學校將孩子行為問題推給社會（如警政機關），而警政機關將孩子又送回家庭中。家長對孩子教育的觀點是多元的，誠如教師對於家長應否參與他們的教學也是多元的。有些教師認為教育兒童是他們的責任，孩子的家庭背景及家長是否參與是不重要的，所以將家庭摒除於學校之外；而其他教師則認為兒童完全由父母及家庭所塑造出，將家長與兒童視為一體，並相信家庭的幫助能使他們更有效與兒童溝通並教育他們（Lightfoot, 1978）。相關家庭背景的研究（例如 Schaefer, 1988；White, 1988）皆顯示家長創造養育的環境，而且家長的教育行為也影響兒童的行為功能。此外，家長參與學校教學也影響兒童人格特質的品質，例如正向的自我形象、樂觀的態度、正向社會關係（Swick, 1987）及語言的獲得、動作技能的學習及問題解決能力的提增（Pittman, 1987；Schaefer, 1984；Swick, 1987）。

第四節　親師合作的好處與障礙

　　衝突常常成為學校和家庭、學校和社區之間關係的特色，尤其是較低收入或少數民族的社區之中。這種衝突可視為對學校的一種回應，藉以傳達壓抑和表達自由解放與互動的工具（Lightfoot, 1978）。

一、好處

　　無論持何種觀點，學校必須找出方法來超越各種既有的衝突，並且依兒童最佳利益（child's best interests）來加以運用。親師合作固然是有衝

突的，但是它還是有好處，其好處可分為三個層面：

（一）對孩子而言：

1. 減少分離焦慮及依戀之影響，增加在新學校環境的安全感。
2. 增加孩子的自我價值。
3. 由於父母的分享知識而使得孩子的反應及經驗的增加。

（二）對父母而言：

1. 對有困難照顧子女的父母提供支持。
2. 獲得教養子女的知識技巧。
3. 從照顧子女的回饋來獲得做父母的自尊。

（三）對老師而言：

1. 使得老師更瞭解孩子和更有效的與孩子相處。
2. 增加自己對所選擇職業的勝任感及對教學興趣的堅持。
3. 父母的資源增強老師對孩子照顧的努力。

親師合作帶給孩子父母及教師們有了正向的回饋及好的行為功效，但是親師之間也可能有了錯誤的概念，或低估彼此的技巧或彼此生活上的壓力而導致彼此之間不能合作。

二、障礙

父母與老師不能合作之障礙可能：

（一）與人性有關的障礙：

1. 批評的恐懼：父母老是覺得老師只會對孩子產生負向的批評，而引起個人情緒不安。
2. 過度專業的恐懼：老師老說一些教養的專業術語及理論，而讓家長

無所適從。

3. 失敗的恐懼：每次舉辦親職座談，出席率總是很低的。

4. 差異的恐懼：老師不能設身處地為孩子來自不同家庭背景、觀點和經驗來設想，使得父母不能真誠地開放心理以獲得最終的需求滿足。

（二）因溝通過程衍生的障礙：

1. 對角色的反應：父母對老師角色的期待而影響合作的意願。

2. 情感的反應：父母擔心孩子在老師手中，而不得不聽命老師或個人對為人父母的罪惡感，使父母逃避讓他們有這種感覺的人。

3. 雙方的憤怒：家長的壓力（例如工作時數、工作自主權、工作需求等），加上孩子表現沒有達到父母的期望，老師又不能採納家長的意見；而老師認為工作時間長、低薪、福利少又缺乏專業的肯定，以致不願多作努力與父母接觸。

4. 其他因素：其他因素如個性、時間上的配合、彼此的忙碌、親職教育實施方式、學校管理政策等也皆影響家長與老師的合作意願。

因此，老師和家長溝通之間如有太多的不安，情緒及個人經驗皆會造成彼此之間的溝通的障礙。與其相互責備對方，不如有建設性地為他人設想，多一些同理、心情放鬆，以減少人和人之間的溝通障礙。

三、教師與家長有效合作

Galinsky（1988）提出以下的建議提供教師和家長更有效地合作：

1. 瞭解個人的期待：家長和老師應捫心自問：自己的期望為何？這些期望是否可行？對孩子好嗎？

2. 瞭解家長的觀點：更具同理心思考，並能為家長設身處地想。

3. 瞭解家長的發展：如同兒童一樣，家長也會成長、發展，教師必須瞭解這種成長。

4. 思考自己的態度：教師需要評估自己對家長的感覺，並且嘗試延伸到最難溝通的家長。

5. 接受對立性：家長因為文化不同，可能在某些事情上和教師有不同的意見，教師必須接納家長的不同意見。

6. 獲取支持：在遇到與家長有衝突時，可以尋求自己的支持網絡，以獲得傾訴。

7. 為自己的角色設定合宜的限制：與家長合作時要確立自己的角色。

8. 思考自己所用的語彙：教師必須確定運用合宜的語彙來傳達正確的訊息。

9. 提供不同的專門知識：教師必須建立增強家長專門知識的聯繫及訊息提供。

結語

　　孩子的成長，家庭是他成為社會人、習得社會化歷程的最主要及重要的環境。在家庭中，除了父母在受孕瞬間所提供的遺傳信息外，其餘都是由其成長所接觸的自然與社會環境所影響；及其成長中，孩子漸漸脫離家庭，而接觸其它的社會環境（如家庭、托育機構），於是這些環境遂成為孩子成長及社會化的第二重要環境。總括而論，這些環境變成孩子成長的生態系統的環境。而這些環境對孩子的社會化有親子教育或稱家庭教育（父母對孩子）、及幼稚（學校）教育（老師對孩子），而家庭與學校之合作則為親職教育。

　　誠如為人父母不是一簡單的任務或角色，有效的及成功的為人父母，父母是需要成長、支持與輔導。而親職教育就是秉持這種功能，透過再教育過程，使父母角色更成功。親職教育的功能更是兒童福利體系的支持性功能，透過專業服務，支持父母成為好及成功的父母。因此，親職教育至少應包括：（1）提供父母瞭解獲得相關教育子女的方法與知識；（2）協助

兒童教養，包括教育的抉擇、規劃、行為問題的解決；（3）家庭諮商服務，以幫助家庭氣氛的建立及婚姻的問題諮商及（4）替代性兒童教養服務以解決兒童受虐的問題。

　　教師更要瞭解在任何一個階段的教育，與家長合作是很重要的一環。教師除了對加強孩子及其家庭情況的瞭解，也必須依各種不同的目的，嘗試與家長合作的各種技巧，最重要的是，教師必須瞭解教育兒童不是一件孤立的事，為了成功地協助兒童成長，教師更需要家長的主動配合，以達成親師合作，使得親職教育功能彰顯，以減少孩子的成長與發展的問題。

參考文獻

一、中文部分

朱崇信（2020）。強制親職教育大不易：兒少保護與親職教育在台灣。**兒盟瞭望**，13, 10-15。

邱書璇、林秀慧、謝衣蓉、林敏宜、車薇（1998）。**親職教育**。台北：啟英。

黃倩儀（1998）。親職教育的主要訓練模式。收錄於張斯寧、高慧芬、黃倩儀及廖信達（編著），**親職教育實務**。台北：永大書局。

黃德祥（1997）。**親職教育**。台北：偉華。

二、英文部分

Brofenbrenner, U. (1974). *A report on longitudinal evaluations of preschool programs: Is early intervention effective?* Washington, DC: US, Department of Health, Education and Welfare.

Burgress, E. W. & Locke, H. J. (1970) *The family from institution to companionship*. New York: American Book Co.

Dinkmeyer, D. & Mckay, G. (1976). *Systematic training for effective parenting: Parent handbook*. Circle Pines, MN: American Guidance Service.

Dinkmeyer, D. & Mckay, G. (1989). *Parenting young children*. Circle Pines, MN: American Guidance Service.

Dinkmeyer, D., Mckay, G., Dinkmeyer, D. (Jr.), Dinkmeyer, J., & Mckay, J. (1987).

The effective parent. Circle Pines, MN: American Guidance Service.

Dozier, M. & Bernard, K. (2017). Attachment and biobehavioral catch-up: Addressing the needs of infants and toddlers exposed to inadequate or problematic caregiving. *Current Opinion in Psychology, 15*, 111-117.

Galinsky, E. (1988) Parents and teacher-caregivers: Sources of tension, sources of support. *Young Children, 43(3)*, 4-12.

Gershater-Molko, R. M., Lutzker, J. R., & Wesch, D. (2003). Project Safecare: Improving health, safety and parenting skills in families reported for, and at-risk for child maltreatment. *Journal of Family Violence, 18(6)*, 54-59.

Gordon, T. (1975). *P.E.T.-The tested new way to raise responsible children*. NY: A Plume Book.

Lightfoot, S. L. (1978). *Worlds apart: Relationship between families and schools*. New York: Basic Book.

Peterson, N. L. (1987). *Early intervention for handicapped children and at-risk children: An introduction to early childhood special education*. Denver: Cove.

Pittman, F. (1987). *Turning points: Treating families in transition and crisis*. New York: Norton.

Popkin, M. H. (1991). Active parenting: A video-based program. In M. J. Fine(ed.), *The second handbook on parent education: Contemporary perspectives* (pp. 77-98). NY: Academic Press.

Schaefer, E.(1985). Parent and child correlates of parental modernity. In I. Sigel(Ed.), *Parental belief systems: The psychological consequences for children* (pp.287-318). Hillsdale, NJ: Erlbaum.

Swick, K. J. (1987). Teacher reports on parental efficacy/involvement relationships. *Instructional Psychology, 14*: 125-132.

Swick, K. J. (1988). Reviews of research: Parental efficacy and involvement. *Childhood Education, 65(1)*, 37-42.

White, B. (1988). *Educating infants and toddlers*. Lexington, MA: Lexington Books.

第三篇
如何播種

第七章
如何教養高社會能力的孩子

學習目標

➤ 研習本章內容，學習者應能達成下列目標：

1. 提增孩子的社會能力

2. 瞭解三種最難帶的孩子的特質

3. 沒有不聽話的孩子，只有不會聊天的父母

4. 孩子鬧情緒時，父母常見的反應

5. 父母如何當好孩子情緒的教練

　　孩子犯錯後，父母的教育方式影響著他的未來。教孩子學會承擔責任，才是父母對孩子最深沉的愛。最近中國有一則「8歲熊孩子損壞學校公物，媽媽罰他自己撿垃圾，換取金錢作為賠償」的新聞。媽媽介紹說，兒子小李今年8歲，平常比較調皮搗蛋，經常損壞學校公物。這次弄壞班牌，老師要求賠償，媽媽就決定讓他撿垃圾賣錢，自己來賠。媽媽稱，平時自己也有教育孩子要愛護東西，但小孩不聽，一盒鉛筆只能用兩天，這次這樣做，也是為了孩子能夠知道錢財來之不易。擔心孩子的安全，媽媽還遠遠地跟著。小男孩背著塑膠袋滿世界撿廢品，甚至在其他小孩的目光中，去垃圾桶裡找飲料瓶。小男孩說：太累了，手都酸了，一直撿，以後不要（弄壞班裡的東西）了。

　　上述的例子，媽媽使用高情商的方法教養孩子，不責罵，但教育孩子得到自然合理的懲罰後果。此種方法類似在青少年犯罪矯治所使用的加害人之處遇計畫。加害人之處遇計畫常被使用於家庭暴力、性暴力、青少年犯罪與偏差行為矯治。在為被害人擬定安全計畫之際，實有必要提供相對人情緒抒發、非暴力互動等社工處遇。家庭暴力（偏差行為）加害人之處遇計畫的目的，在於減少危險情境的產生、防治其暴力再犯，並提供施暴者適當的治療、輔導或教育課程，以協助其無效的衝動控制、情緒管理、偏差精神狀態，或扭曲的認知行為模式，以有助於加害人重建其與家庭成員之和諧家庭關係。此一處遇計畫之重點在於家庭暴力（偏差行為）之再犯預防，進一步以適應模式為取向之工作。

　　看得出媽媽的辦法起到了效果，撿拾垃圾既體會到賺錢的不易，又感受到懲罰的痛苦，更反省了自己的錯誤，明白了不能破壞公物的道理；更重要地，媽媽一路陪著孩子，又同時執行情境的機會教育。其實，做為孩子，因為不知道行為的邊界在哪裡，犯錯是在所難免的。而孩子犯錯其實不可怕，真正可怕的是父母對孩子的縱容與溺愛。新聞中的這位媽媽教育方式值得我們稱讚，既沒有打罵，也沒有護短，而是讓孩子對自己的行為負責。父母替孩子承擔的過錯，只會讓孩子在任性、造反的道路上越走越遠，可悲的是等有一天自食其果，被這個世界懲罰的時候，都還不知道錯

在哪裡。

　　父母替孩子承擔過錯，卻無法一直為他包紮傷口，總有一天傷口會撕裂。家長過分溺愛孩子，孩子逐步失去責任感，孩子成年後容易產生逃避責任的問題，這才是教育的最大的失敗。犯錯是孩子成長的必經階段，聰明的父母不會縱容孩子，會給孩子建立規則，讓孩子在錯誤中成長，讓孩子懂得承擔責任的重要性。父母會將責任的意識植根於孩子的心中，能為孩子樹立規則意識，提高孩子的自控力，更好的融入社會。這不也是一個正向教養的好例子嗎！

第一節　提增孩子的社會能力

　　自從 Goleman（1995）出版了《情緒智力》（emotional intelligence）一書後，造成研究風潮，EQ 也成為社會大眾耳熟能詳的術語。此後相關研究因學者對其概念定義之詮釋不同，而有情緒智力、情緒能力、情緒社會智力、社會情緒能力等不同名詞等皆是情商。Goleman 強調情緒智商較高的人在人生各個領域都較佔優勢，人們開始關注情緒對社會行為的影響力。

　　Gardner（1983: 239）根據若干規準，提出多元智力的內涵，包括語言智力、音樂智力、邏輯－數學智力、空間智力、身體－運動知覺智力、內在智力及人際智力；其中個人內在智力（intrapersonal intelligence）指的是「接觸自己感情生活的能力」，具備此一能力的人能夠很快地覺察出自己內心的情緒與感受，分辨與標示它們，並將之以某種方式表現出來；人際智力（interpersonal intelligence）指的是「注意與區別他人的能力」，特別是分辨他人的情緒、氣質、動機及意向，具備此一智力的人，能夠很快覺察到他人內在的情緒，並運用此一訊息以達到特定的人際目的。此一多元智力理論為建構社會智力與情緒智力的概念奠定基石，且社會智力被視為是有效的社會適應，影響了「情緒智力」（emotional intelligence）的概念內涵。準此，「情緒－社會智力」，是指個體有能力覺察自己的情緒並正

面表達情感，還能因為覺察他人的情感與需求，與他人建立一種合作的、建設性的相互滿意的關係，並能成功解決日常生活的要求。

社會能力（social competence）是指個體能在不同環境脈絡的社會互動中，於實踐個人目標之外，又能與他人維持正向人際關係的能力（Rubin & Rose-Krasnor, 1992）。每個人都有不同的才能，有的人擅長管理，有的人擅長科研，有的人擅長銷售，有的人擅長設計。這些才能使我們能夠應付不同的工作，但有一些才能，卻是每一個人都應該學習並具有的，成為自己孩子的偶像，就是這個世界上最成功的父母。最夯的父母就是我是孩子的偶像，一直都是！

你知道最行之有效的教育方式是什麼嗎？是父母的以身作則，做孩子的榜樣甚至做孩子的「偶像」！成為孩子的偶像，不是孩子去完成你的夢想，而是你成為他們的動力，你的努力，學習，進步，堅持……都是他往後生活的精神支柱。

無論貧窮還是富貴，都應該教給孩子這些社會技能：鍛鍊眼力，提升智慧、語言表達能力、學會應變、抗壓能力、自我形象管理及教導孩子學會生活（參考圖 7-1），分述如下：

一、鍛鍊眼力，提升智慧

眼力不等同於眼界，它是一個人閱歷深淺的直觀體現。人所獲取的80% 資訊來自於眼睛，眼力好，觀察力強會使孩子在以後的工作、學習上佔據很大的優勢。因為人的眼力與注意力、記憶力、分析力、鑑別能力有關聯。孩子看得多，就會想得多、記得多；孩子看得深，就會想得深、記得深。所以，訓練孩子眼力的過程，也是提升孩子智慧的過程。

二、語言表達能力

好好說話，是用愛的語言表達，而真正地學會說話，就是學會掌握一種直達人心的力量，最能體現人的情商和修養。你會不會說話，你修養是

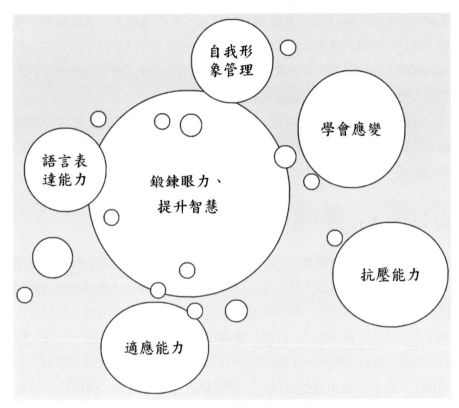

圖 7-1 社會技能之能力架構

怎樣的,這個是裝不出來的,即使可以蒙混過關一兩次,也總有一天會露出馬腳。

父母與孩子間的代溝,很大程度上是表達不清造成的。和孩子聊天,父母表示孩子支支吾吾說了很久,沒聽明白他在說什麼,也沒辦法繼續聊天,結局是不理解對方在表達什麼,矛盾激化後發生爭吵。

三、訓練孩子語言表達能力之父母作為

培養孩子的語言表達能力,父母要教孩子盡可能把資訊完整地表達出來,讓別人明白意思;自我介紹和回答問題是學會應變最好的訓練方法。

孩子只有隨時調整自己,才能使自己始終處於主動地位。應變能力是

考驗孩子在遇到陌生環境或是事情的時候，是否還能夠從容地應對。那麼，家長要如何培養孩子良好的應變能力呢？生活中多給孩子設置從小到大的困境，比如一些野營訓練、空間逃生遊戲。孩子在參加有挑戰性的活動中，會通過思考、動手實踐來解決眼前困境。

必要時，家長也要在身邊正確地引導和提示。如看到災難情境的場面，爸爸要教孩子一些正確的應變對策，引導孩子思考的同時教會他們自救的技能，你會發現孩子在觀察模仿，解決問題中自身能力逐漸增強。

四、抗壓能力

很多父母認為越是學習不好的孩子，就越應該給他壓力。極少父母知道持續過大的壓力對孩子是一種沉重的精神負擔。因為，不是每個孩子都能有很強大的抗壓能力。承受壓力往往非常痛苦，過大壓力會引起煩惱、焦慮、憤怒、悲傷、嫉妒、冷漠、暴躁等不良心理，甚至失眠、頭痛、噁心、抑鬱。所以，提高孩子的抗壓能力，不如教會他們如何紓解壓力。告訴孩子：當你感覺焦慮的時候，一定要釋放內心的壓力，找個僻靜的地方，對遠方吶喊。此外，有朋友傾述或運動鍛鍊是最好的解壓方式，如網球、羽毛球、足球、籃球等球類運動最適合卸下內心的憤怒。

五、適應能力

有的孩子怕生，無法很快融入新環境。簡而言之，培養孩子的適應能力，就是培養孩子各方面的綜合素質。當孩子具備了生活自理能力、心理調適能力、人際交往能力、溝通合作能力、自製能力等，適應能力自然就很強了。

六、自我形象管理

一個有良好自我形象的孩子常常感覺自己是受到歡迎的，因為他們充

滿自信，能積極大膽地做事。自我形象差的孩子常常感覺自己不令人滿意、自卑膽怯、怕做錯事。自我形象一旦形成，不易改變。其最直觀的回饋是在別人眼裡的形象好壞。

要注意孩子服飾打扮，服飾是一個人精神面貌的體現。首先，讓孩子學習審美。父母應該從小注重孩子的美學教育，教孩子色彩搭配，比如裝飾物、款式、色澤、質料，根據自己的喜好挑選服裝。其次，穿衣要得體，應以自然、樸素、大方、美觀為原則，不要過分追求奇裝異服。最後，培養孩子的道德情感、看好書、關心及同理別人等都是培養孩子氣質很好的途徑。

七、教導孩子學會生活

孩子隨年齡長大，要學會獨立與自主。父母除了執行日常常規外，盡量抽空陪伴孩子，但要掌握高品質的互動，時間也不一定要長。孩子如父母般也有不願意被打擾時，父母盡量少嘮叨、要求孩子指令要具體且不帶負面情緒。在孩子獨立生活時，要多與孩子互動；打擾孩子時，要用適當的方法引起孩子的注意。

第二節　三種最難帶的孩子

現在的孩子太難帶了，動不動就撒潑打滾哭鬧，讓家長格外的頭疼。可養育孩子本身就是件苦差事，比如說以下這三種孩子：好動的孩子、愛頂嘴的孩子及愛惡作劇的孩子，小時候別提有多難帶了，家長們恨不得賣了的心都有。但其實長大後混的好、有出息的，往往也都是這些孩子。

一、好動的孩子

這類孩子坐沒坐相，站沒站相，到處亂跑亂跳，一刻不得閒，說的就

是這類特別好動的孩子。有時候覺得這類孩子特別招人煩、惹人嫌，但他們有時候的表現又讓你哭笑不得。因為他們通常都是人群中的開心果，性格外向活潑，不會記仇，有啥生氣的事轉眼就能忘，所以人緣特別好。要說這個時代，除了專業能力突出，最重要的就是人際交往能力了。尤其到了社會上，活潑好動的孩子超強的交際能力，可以幫助他們結交到有利的人脈和資源，更快地取得成功。所以家長以後不要再覺得特別好動的孩子很不好了，他們也有自己獨特的優點。不過對於特別好動，無法很好控制自己情緒的孩子，家長還是要做適當的引導，告訴他們注意一下時間和場合，不要因自己的好動影響到其他人就行了。

二、愛頂嘴的孩子

這類孩子你說他一句，他就回你一句，總之，無論家長說什麼，孩子總會有他的理由，而且還非常有理。其實這類孩子並不是故意反駁的，只是他們敢於表達自己的想法，也是勇敢的一種表現。不會因害怕他人的意見，就吃啞巴虧。將來他們長大走到社會上，多數都是領導者的身分，因為他們內心極其渴望表達自己的想法，領導別人。當然，如果做為員工，也是個很有自己想法，敢想敢做的一個人。所以，孩子碌碌無為的可能性是很低了。不過，對於特別愛頂嘴，不考慮他人感受的孩子，家長可就要多注意點了，提醒他可以表達自己的意見，但也要注意別人的感受。在反駁別人前多在腦中思考一下，不要說出傷害別人的話。畢竟，不經過大腦，脫口而出的話還是很傷人的。

三、愛搞惡作劇的孩子

這類孩子真不讓父母省心。有家長真的瞭解這些愛搞惡作劇的孩子的話，就會發現其實他們並沒有壞心，只是覺得好玩，特別有玩性，而且腦子中有各種奇思妙想，非常有創造力。而創造力強的孩子長大後，就會做出與其他人不一樣的東西來，新穎、奇特，容易獲得他人的喜歡。所以，

如果你家的孩子經常有些奇怪的想法，就不要總是給他潑冷水，保護他的創造力，就是成就他的未來。不過，對於那些比較惡劣的惡作劇就不要縱容孩子了，好玩歸好玩，還是要告訴他注意分寸，注意安全。當然，一起陪孩子玩些有趣的遊戲，也是培養孩子創造力一種有效的方式。其實，帶孩子是個趨避衝突的過程；它特別辛苦，要處理各種生活上的困難；與此同時，帶孩子又特別幸福，因為孩子有特別溫柔可愛的孩子，也有特別調皮、愛搞惡作劇的孩子。每次他們都特別喜歡捉弄身邊的小夥伴，要不拿玩具嚇人，就是做一些奇怪的東西惡搞別人，常常讓身邊的人又氣又恨的。不過，帶孩子也會給你帶來很多溫暖和愛。

所以說，父母一定要記得多多善待那些「壞孩子」，小時候再難帶的孩子，長大了都是最聰明的，別讓你的誤解改變了孩子一生的命運！

第三節　沒有不聽話的孩子，只有不會聊天的父母

經常有父母反應，不知道怎麼跟孩子交流，總是沒說兩句就沒話說了，再問孩子還嫌煩；還有的父母說，工作實在太忙，等有時間想和孩子聊聊天，孩子卻總是沉默。其實這些問題說到底都是父母要如何有技巧地跟孩子溝通，孩子才能接受。一個有安全感的孩子，才是幸福的孩子。親子溝通，是一場修行，而我們都是這條路上的修行者。無論是初為人父母，還是已經當爸爸媽媽好多年了，在家庭交流方面都可謂是路漫漫其修遠兮。但如果我們能掌握一些溝通的技巧，多注意說話的方式，我們跟孩子之間的距離就會更近，很多家庭矛盾也就迎刃而解了。溝通是一門藝術，最重要是用心傾聽，切忌親子溝通，勿有：

一、別把質問當聊天，要學會說話

每當孩子回到家，放下書包屁顛、屁顛地圍在你身邊，問你今晚吃什

麼的時候，你的反應是什麼？很多家長脫口而出的一句話就是：「媽媽忙著呢！別在這搗亂，你作業寫完了嗎？上次測試的成績出來了嗎？」我們總是以質問的形式來跟孩子說話，當我們說出這樣的話後，如果細心的話，我們就會發現孩子的情緒一落千丈，撅著嘴說：不就問一句嗎？又說我，我現在去做還不行嗎？於是乎，孩子剛進家門時其樂融融的氛圍沒了，孩子學習的積極性也沒了。長久以往，在孩子眼裡，學習是為了父母，效率和效果都大打折扣。其實，仔細想想，孩子並不是不想寫作業，只不過他離開了你一天，回家的第一瞬間想和你說說話，而你的一句句質問讓他們沒了繼續下去的心情，等想起來要和他聊聊心裡話的時候，他們已經將我們拒之門外。別把質問當做聊天，回到家，一個微笑，一句回應，或許更好，甚至能讓孩子愛上學習呢。

二、別急著否定孩子，要學會感同身受

　　家長在聊天的時候還會犯的另一個錯誤就是急於否定孩子。當孩子提出建議的時候，便下意識地去否定了孩子，但這種否定並沒有帶來結果的改變，反而破壞了與孩子的關係，百害無一利。所以，當孩子跟我們提出請求的時候，我們不妨先瞭解他的想法，再做決定。比如當孩子說中秋想要出去玩一天的時候，你可以：

　　第一步，先認可孩子的想法，拉近距離。（可以啊，你想去哪玩呢？）

　　第二步，對孩子感同身受，讓孩子覺得被關心、被尊重。（是最近學習累了嗎？媽媽也想出去放鬆一下）

　　第三步，從自己出發，引導孩子做出正確的決策，讓孩子認可你。（但媽媽還有一些事情要忙，你可以給媽媽一天的時間，讓我把事情忙完先嗎？做完事情才能盡心玩，對不對？你有什麼事情需要先做完嗎？）

　　這樣，孩子往往更能接受我們的建議，先做完作業，如此，不僅達到了我們的目的，而且更能拉近與孩子的距離。

三、別只顧著說教，要學會傾聽

　　當我們想要跟孩子傳達一些人生經驗時，說話記得轉個彎，不要太生硬，不要張口就是：「你應該先學習」，讓孩子自己說出來更好。我們做父母的，要懂得讓孩子說，而我們自己，要懂得聽。當孩子跟我們聊天的時候，他可能只是想找個人傾訴，如果我們有幸成為了那個傾聽者，請別讓生硬的說教毀了我們與孩子之間的親密，聽比說更好。

四、別只知道當面衝突，要學會「投機取巧」

　　如果我們在跟孩子交流的時候還不能控制自己的情緒，我們或許可以投機取巧一下，別當面聊。給孩子寫信，現在很多人都應該忘了這個交流方式。但其實，寫信可以讓我們冷靜下來，有些話，寫下來和說出來的效果是完全不一樣的。當我們想要跟孩子發火的時候，不如坐下給孩子寫封信或者留個便條。又或者，把日記有意地丟在客廳，讓孩子看到。當看到你對他從小到大的點滴記錄時，孩子的心裡，應該只剩感動了。

五、別不分場合地講道理，要學會找時機

　　當有外人在的時候，別跟孩子講道理。當眾教育孩子，無論是態度強硬還是循循善誘，孩子都不會接受，因為他會覺得沒面子。想想年輕的時候，我們不也好面子嗎？所以，給孩子點尊嚴，有什麼事情，咱們回家再說。

　　現在很多父母工作都很忙，很少有時間陪孩子，於是乎吃飯的時間就成了家長教育孩子的「黃金時段」。但事實是，這種做法不但沒有什麼教育意義，還會影響孩子的食慾，傷害身體不說，更會讓孩子覺得跟爸媽吃飯是件很痛苦的事情。為何不等孩子停下來的時候，再兩個人坐下來認真地聊聊呢？溝通這件事情的時機也是需要選取的。教育的終極目標不是讓孩子聽話，而是讓孩子自我得到成長。讓孩子走出一條自己的路而不是走

在父母的老路上。

第四節　孩子鬧情緒時，父母常見的反應

　　每個人都會有情緒，孩子也同樣。孩子因為缺乏自制力，所以他們鬧情緒的時刻非常多，也讓父母感覺非常勞累。當孩子在鬧情緒的時候，很多父母容易踩中這八大雷區（見圖 7-2），傷害孩子也傷害自己。看看以下解決方法，學會處理孩子的情緒，做積極智慧的父母！

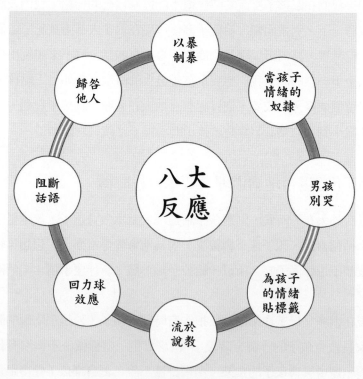

圖 7-2　父母容易踩中的八大雷區

一、以暴制暴

「再鬧，就給我試試看」、「不乖就把你趕出門」等之類的嚴懲、恐嚇和威脅話語，不但會扼殺孩子的自尊心和安全感，甚至採取自我破壞和被動的攻擊行為當成報復。

二、當孩子情緒的奴隸

「不要哭，就帶你去吃麥當勞」、「我買玩具給你就是了，別難過了」……。用賄賂、哄勸的方式息事寧人，避免孩子體會不好的情緒，反而讓孩子學會了「情緒勒索」。

三、男孩別哭

「男子漢不要哭，勇敢一點」。哭泣不是懦弱的象徵，男孩也有各種心理需求。一旦哭的權利被剝奪，男孩的情緒表達就容易出現障礙。

四、為孩子的情緒貼標籤

「你這個壞孩子，為什麼這麼粗暴」、「真是愛哭鬼！惹人厭」等話語是你貼在孩子身上的「負面標籤」，會輕而易舉的扭曲孩子的自我概念。

五、流於說教

當孩子傷心、難過、生氣的時候，情緒已經主導了全部意識。此時父母再說：「你看！我不是早就跟你說過了……」，這時根本不是灌輸規則與訓誡說教的好時機。

六、回力球效應

當孩子鬧脾氣時，無法保持冷靜時，父母用「你再鬧啊！乾脆把我氣

死好了」的話語。此時孩子反而回以憤怒，形成「你來我往」的惡性循環，最後「發脾氣也沒什麼大不了」的想法也將深刻在孩子的心上。

七、阻斷話語

「怎麼垂頭喪氣的？振作一點」的語言對孩子的情緒是視而不見或輕描淡寫，此時不但阻斷了親子溝通，也讓孩子相信情緒是不受歡迎的，進而築起一道心牆，變成一個對自己和他人的感受都顯得麻木的人。

八、歸咎他人

當孩子遇到挫折時，為了安撫孩子情緒而歸咎外界環境的做法，如父母說出「跌倒了不痛！都是地板害的」。此種語言只會讓孩子無法對自己負責，失去從錯誤中反省學習的機會，容易養成遇到挫折「只會怪別人」的惡習。

第五節　父母如何當好孩子情緒的教練

孩子情緒學習經驗深受父母的影響，父母同時也是穩定孩子情緒的最主要來源。根據美國華盛頓大學心理學教授約翰・高特曼（John Gottman）的追蹤調查發現：父母扮演情緒教練的孩子，比較有能力處理自己的情緒，挫折忍受度高，社交能力和學業表現也比較傑出。提高孩子的情緒能力，已成了現代父母的必修課（陳念怡，2009）。

提高孩子的情緒能力，已成了現代父母的必修課。三個步驟可破解孩子情緒密碼（見圖7-3），分述如下：

一、理解、接納孩子的情緒

　　如果孩子出現情緒反應，父母要先用同理心和傾聽的技巧，接納孩子的情緒。當孩子知道你願意理解他的感受，就會慢慢將心情沉澱下來。情緒是自然產生的感覺，是一個人對周遭事物的主觀感受，因此沒有對錯之分。它是一種能量，一旦湧現了，絕不會憑空消失，需要有效紓解的管道。

　　中國人因文化的關係，並不接納負向的情緒。在孩子出現負面的情緒時，大人往往回以「不可以這樣」，或是輕忽壓抑，而不能提供孩子一個實際練習面對和處理負向情緒的機會，或是體會孩子在處理這種情緒時需要一段心理歷程。例如：當我覺得害怕、緊張、擔心、嫉妒時，我覺得如何？我可以怎麼辦？如此一來，孩子表面上可能沒事，但內心那股「氣」依然存在，「情緒垃圾」愈積愈多，最後一發不可收拾。不過，同理孩子的情緒，並不代表同意孩子的行為，更不是放任孩子把情緒表現當成工具，對父母予取予求，而是要讓孩子明白：所有的感覺都是可以被接納的，但是不當的行為必須被規範。

二、協助孩子覺察、表達情緒，並釐清原因

　　接下來，父母要像一面情緒鏡子，運用言語反映孩子的真實感受，協助孩子覺察、認清自己的情緒。例如：「看你哭得這麼傷心，一定很難過，對不對？」回應孩子的感受，可以讓孩子明瞭自己的感覺。之後，繼續用開放性的提問方式。例如：「今天是不是發生什麼事了？」協助孩子正確表達情緒，釐清情緒背後的原因。只有找到情緒反應的真正原因，掌握孩子的心理需求，才能對症下藥。

三、引導孩子調整認知，思考解決方案

　　等孩子情緒緩和下來，引導他調整認知，從另一種角度看待引起他

困擾的事情。例如:「玩具被同學不小心弄壞了,你覺得很生氣。但是你打人沒辦法讓玩具恢復原狀。我們一起想想看有沒有更好的方法,好不好?」

| 理解、接納孩子的情緒 | 協助孩子覺察、表達情緒,並釐清原因 | 引導孩子調整認知,思考解決方案 |

圖 7-3　瞭解孩子情緒密碼三步驟

　　高特曼也提供四個處方提升情緒力:身心覺察,換個想法更好、愛與肯定,累積快樂存摺、親子共讀,豐富情緒語彙及身教重於一切,分述如下:

一、身心覺察,換個想法更好

　　孩子的情緒反應,特別容易牽動生理的變化。例如:害羞時容易臉紅、緊張時心跳會加速、害怕時會發抖等等。平時多和孩子練習身體放鬆技巧。例如:深呼吸、肌肉放鬆、靜坐等,有助於提高孩子的情緒覺察力,穩定情緒波動。

二、愛與肯定,累積快樂存摺

　　塞利格曼(Martin Seligman)強調,建構孩子的正向情緒並不是教孩子盲目的樂觀,或者否認、避免負面情緒。充足的安全感、肯定孩子的自我、溫暖熱情的家庭氣氛、無條件的愛但有條件的獎勵,以及許多好事件,都能為孩子架設一張「情緒安全網」。

三、親子共讀，豐富情緒語彙

　　故事是現實世界的縮影，孩子從故事中辨識不同情緒，瞭解人們如何處理憤怒、恐懼、快樂及憂傷等不同情緒。藉由讀後討論和角色扮演，父母引導孩子以旁觀者的角度，觀察事情的始末，瞭解書中人物在哪些情境下、做哪些事，會產生哪些各種不同的情緒反應，學習從他人的角度去思考，尊重自己和他人的感受。

四、身教重於一切

　　良好的典範勝過千言萬語。在處理孩子情緒之前，要先處理好自己的情緒。教育專家感慨指出，很多父母在處理情緒時經常言行不一，自己的情緒表達方式和孩子一樣，但對於孩子的問題卻一副道德勸說，而導致孩子對於父母的管教失去信心。孩子透過觀察、模仿，不斷吸收父母因應情緒的風格，在孩子面前適當表現你的情緒益顯重要。偶爾和孩子分享自己如何從錯誤中學習的往事，也有助於拉近親子之間的距離。

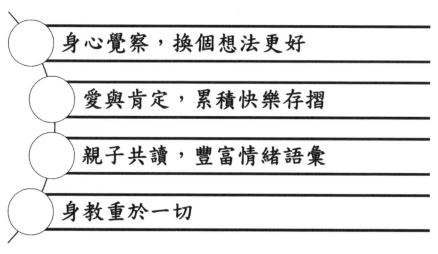

　　身心覺察，換個想法更好

　　愛與肯定，累積快樂存摺

　　親子共讀，豐富情緒語彙

　　身教重於一切

圖 7-4　提升孩子情緒力的四個方法

　　EQ（Emotional Intelligence Quotient）是一種情緒控制能力，有不少專家認為，EQ 高的人比 IQ 高的人更容易成功。有時候，要讓自己更進步，其實不一定要「做某些事」才能精進自我，「避免某些事」也能讓自己在不知不覺中成長。以下是在美國小學研究社會能力與情緒關係的發現：

一、加州奧克蘭發展研究中心

　　主題：兒童發展計畫
　　對象：北加州幼稚園至小學六年級
　　實施成果：與其他對照學校做比較，發現實施社會能力課程的學生較負責；較勇於表達自我；較外向受歡迎；較合群肯助人；較能瞭解別人；較體貼關心；解決人際紛爭時較能採取合群的方法；較平和；較民主；較善於解決糾紛。

二、華盛頓大學

　　主題：康莊大道
　　對象：西雅圖小學一至五年級
　　實施成果：社會認知能力獲得改善；情緒處理與理解力獲得改善；較能自制；處理認知問題時較善於計畫；較能三思而行；處理衝突較有效率；同學相處較融洽；較能與人分享；難過與沮喪的情形減少；焦慮與退縮的情形減少。

　　高情商的人有四種特質：（1）能夠察覺到自我情緒，並且認識自己，知道自己的長處與短處。（2）非常自律，會遵守對自己的承諾，面對棘手情況也能保持耐心。（3）懂得與人互動，面對社交場合得心應手。（4）人際關係良好，可以與人友善溝通。而高情商的人有的 10 項特點如下：

　　1. 他們總是不慌不忙
　　2. 他們不會拒絕新的體驗、新的點子、新的人

3. 他們不會「只」想到自己

4. 他們不會怨天尤人

5. 他們不會忽視自己內心的聲音

6. 他們不會緘默不語或突然爆發

7. 他們不會忘記平衡

8. 他們拒絕被負面情緒控制

9. 他們不讓別人左右自己情緒

10. 他們不會讓自己陷入「理智 vs 情感」的糾結裡

結語

　　社會能力是個體能在不同環境脈絡的社會互動中，於實踐個人目標之外，又能與他人維持正向人際關係的能力。社會能力是個人能自我控制情緒、同理他人、善於人際關係技巧、願意分享等能力綜合的商數。高 EQ 絕對不是天生就一蹴可及的，要完全做到也有點難。「EQ 教育不是特效藥，而是漢方藥」，孩子的改變需要時間。培養情緒力是一個持續進行的過程，一旦開始，就會漸入佳境。兒童的社會情緒發展攸關其未來是否能成為社會適應良好的公民，透過家庭與學校實施有計畫有目的的親子或學校教育方案，兒童可逐漸學習認識與管理情緒的知識、技巧與態度，逐漸發展出成熟的情緒社會能力。

參考文獻

一、中文部分

陳念怡（2009）。爸媽如何當好情緒教練？**親子天下雜誌，5**，2021/05/17 取自：
　　https://www.parenting.com.tw/article/5020518。

二、英文部分

Gardner, H. (1983). *Frames of mind: The theory of multiple intelligences*. New York:
　　Basic Books.

Goleman, D. (1995). *Emotional intelligence*. New York: Bantam.

Rubin, K. H. & Rose-Krasnor, L. (1992). Interpersonal problem solving and social
　　competence in children. In V. B. van Hasselt & M. Hersen (Eds.), *Handbook of
　　social development: A lifespan perspective* (pp. 283-323). New York, NY: Plenum
　　Press.

第 八 章

如何運用適齡適性的遊戲啟迪孩子社會智能

學習目標

➢ 研習本章內容，學習者應能達成下列目標：

1. 瞭解遊戲的概念
2. 兒童遊戲時的成人角色
3. 遊戲與兒童發展之關係
4. 遊戲發展進程
5. 適齡方案——玩物的選擇

　　今日的孩童是明日國家未來的棟樑，「今日不投資，明日一定會後悔」；教孩童學會釣魚比給他們魚來的重要。英國在世界上首次提出「創意產業」，並且從 1998 年開始在政府全力的扶植下成長迅速。英國之創意經濟方案（The Creative Economy Program）從 2005 年 11 月由文化、媒體及運動部（DCMS）所提出，其占英國 GDP 的 7.3%，每年有 5% 的成長率。英國創意產業橫跨許多創意職業部門，總數可包括 180 萬工作機會，包括 100 萬個文化及創意產業工作及 80 萬個相關行業。英國這個國家本身雖不能成就創意，但其政府本著「創意為國家之魂」、「不創新，即滅亡」、及「擁有點子的人比懂得操作的人更具力量與價值」，透過公共政策（如官僚體系及民主運作）來激發、滋養及協助社會培植人才；透過智慧財產權保護以鼓勵風險投資（venture investment），再利用都市更新方案（urban regeneration）及文化遺產（culture heritage）之開發及行銷來產生文化及創新產業所形成之最大經濟價值。政府所扮演的角色是充分支持此種想法，透過公共政策加以規劃以達成圖譜（mapping）、利用方案之可近性（access）、強調方案之卓越性（excellence）及與學術界合作，運用教育（education）培植專業人才，以達成經濟效益（economic value）。

　　人才、創新、業務增長和知識產權——創意產業的成功關鍵驅動力，都是這項策略支持點。這個策略方針還側重地方、區域和國際因素，以確保創意英國將幫助英國的創意產業成長於國內與全球之中。英國政府甚至還承諾提供七千萬英鎊支持這項策略，以及與各地政府部門和機構共同努力達成這項承諾。創意英國將定期審查和更新，以確保它繼續提供對的支援，以鼓勵維持經濟成長在快速變化的部門。例如，回到根本（Back to Basics）——讓所有孩子們發揮創造力教育的「尋找你的才藝」（Find Your Talent）專案，就是政府積極應用教育培植下一代的創意能力。

　　中國人是個勤奮的民族，因此素以勤為美德，「業精於勤荒於嬉」是自古有的明訓，也有很多成人視兒童的遊戲為一種無所事事的行為，不是什麼「正經事」。任何一個與兒童稍有接觸的人，都不免發現遊戲是兒童生活的重心，但是在成人主宰的世界裡，遊戲卻始終受到許多爭議。歷史

上，無論中外，成人對「遊」、「玩」、「戲」，總是負面的評價居多。一般人對兒童的遊戲不是抱著一種不得不忍受的態度，就是想盡量排除或壓抑這種活動。

給予遊戲正面的評價，大約始於十八世紀的盧梭（Rousseau）。浪漫傾向極強的盧梭，把遊戲視為原始高貴情操的源頭與表現。他認為每一個兒童皆應盡情的發揮這種天性。承繼了盧梭對遊戲的肯定，之後的斐斯秦洛齊（Pestalozzi）、十九世紀末期的幼教創始人福祿貝爾（Froebel）及稍後的蒙特梭利（Montessori），皆大力提倡遊戲。不過他們對遊戲，在精神上到底不同於盧梭的浪漫主義。盧梭是鼓勵兒童發揮遊戲的天性，而福祿貝爾與蒙特梭利則有意藉遊戲達到教育的目的。所以對福祿貝爾與蒙特梭利而言，遊戲只是達到其他目的的工具。

邁入第二十一世紀，自本世紀迄今已有一百多年了，其間雖然兒童心理學的發展極為快速，但對兒童遊戲的探討卻呈現十分不平衡的狀態。一方面在應用的領域（如臨床兒童心理與幼教），遊戲有其不可忽視的重要性；但另一方面，理論的研究卻明顯的落後。1960 年代以後，情形稍有好轉，各方面對遊戲的理論及其實證的探討都明顯的增加。尤其是由認知發展的角度來剖析遊戲的研究，成為近二十年的主流趨勢。不過即使在現今知識較為充裕的 90 年代，遊戲仍然不能擺脫許多不實的偏見。一方面我們看到許多熱心提倡遊戲的人士，把遊戲當作解決一切兒童問題的萬靈丹，這些人的浪漫情操似乎還超過二百年前的盧梭。一方面我們也看到另一批人士，把遊戲看作是兒童過渡到成人式工作的一個無可避免，但也沒有什麼貢獻的過渡行為（Piaget 即傾向此種看法）。

但科技發達之後，各種學術知識蓬勃發展，讓人們不僅對大自然的奧妙能一探究竟，也對自身的生命歷程探討後，發現童年的生活經驗往往對個人的一生有很大的影響。因此，童年期極受重視，兒童的身心特質、發展狀態成為許多學者研究的重心，期望能因此造就一代優於一代的世界公民。現代的社會，競爭越激烈，父母越焦急，只要坊間有關如何增加智能發展的書籍，一定買光回來看，殊不知最好的方法是陪孩子玩及愛

他即可。

在諸多的以證據為本的研究當中，以往讓大人一笑置之的兒童遊戲行為漸漸受到重視，有些學者（如 Parten）發展出社會遊戲的概念，而有些學者（如 Piaget、Vygotsky, Smilansky），則對發展認知遊戲的模式更感興趣。從這些作者的研究，很多人開始瞭解孩子其實是在遊戲中成長，在遊戲中學習。藉著遊戲，幼兒學到如何運用大小肌肉，學習手眼協調，得到主宰自己身體的能力；也透過遊戲來瞭解自己、他人以及周遭環境的關係；兒童更在遊戲中抒發自己的情緒，學習到解決衝突的能力。

再深入研究遊戲的類型與內容之後，人們瞭解兒童的遊戲發展跟兒童在身心方面的發展及認知的發展有密不可分的關係。也就是說，兒童遊戲的性質與形式也受到兒童身心發展的影響，如隨著年齡的成長，幼兒可以由單人遊戲發展到平行遊戲、聯合遊戲，以及與人玩合作式的遊戲；另一方面，兒童的遊戲也可以促進幼兒身心的發展，如玩推球遊戲可以幫助幼兒肌肉的發展等等。

適齡發展實務（developmentally appropriate practice, DAP）是由美國幼教協會（National Association for the Education of Young Children, NAEYC）所提倡，也一直是我們推展幼教實務所力行的準則（Bredekamp & Copple, 1997）。準此，我們期待成人身為一決策者，當他們為幼兒工作之時，需要三種訊息來指引其實務工作：一、兒童的發展層次；二、兒童的個別差異及三、兒童的文化背景。

第一節　遊戲的概念

喜愛遊戲是兒童的天性，對兒童來說遊戲是他們的學習、活動、適應、生活或工作。由於遊戲是兒童基於內在動機的選擇，主動的參與，自由選擇及不用於言傳的外顯行為，因此，孩子在玩遊戲時總是充滿了笑聲、歡欣溢於言表，更是百玩不厭。

我們常常看到兒童一玩起來就十分帶勁，玩再久也不會厭煩，不會喊累，難怪有人說「遊戲是兒童的第二生命」。至於孩子眼中遊戲到底是什麼，學習、生活，或工作呢？對孩子而言，他們是不在意、自由地、無拘無束地徜徉在他們所營造（虛構或真實）的世界裡，享受與人、玩物之間的互動，從中獲得最大的歡樂性（joyfulness）。其實教養出快樂的孩子最好的方法是父母陪他玩或讓他和其他小朋友玩，等長大後，則讓他參加社團，友情才是一個人最大幸福來源。

遊戲是一個很難定義的概念——在牛津英文字典中至少有 116 種不同的定義。除了這些外延的遊戲定義之外，遊戲真正的內涵通常是模糊曖昧且不容易抓住真正的意義，甚至是個別化及具獨特性。如同愛情一般，遊戲也有其多采多姿的一面。吾人如何捕抓此一多樣且難以捉摸的概念呢？

一向擅長於對事物之邏輯意義及對事物語意及相關經驗關係之哲學大師，Ludwig Wittgenstein（1958）和 Bertrand Russel（1912/1967）也已建議吾人應放棄對遊戲（play）、競賽（game）這種具有廣義、多元層面建構的字，用簡略、精確的概念來加以定義。然而，我們應該將遊戲描繪為繩索，其組成許多互為交織的結及纖維。準此，遊戲是無法以單一特定定義來做解釋，取而代之則用許多個別化概念交織而成一整體性的概念。

這也許是遊戲行為能在演化過程中，仍然被保留下來的原因。欲瞭解遊戲行為前須先清楚遊戲的特徵。

一、遊戲的特徵

最近的研究不僅在區辨遊戲與探索行為，也經由不同的因素探討遊戲的特徵（Garvey, 1977; Rubin, Fein, & Vandenberg, 1983）。這些特徵有不用於言傳、內在動機、過程取向、自由選擇及正性情感，分述如下：

1. 遊戲是一種轉借行為，無固定模式，亦不能由外在行為或字義來區分，更不加以言傳（nonliterality）：遊戲事件是根據遊戲的主題或範圍來加以界定，與固定的日常生活經驗有別。這個特徵在各種遊

戲形式——社會戲劇遊戲、拼圖遊戲、建構積木或玩規則性的遊戲中皆可看出。在這些遊戲中內在現實超越了外在現實（外在行為），以往對物體的定義不見了，隨時隨地皆可能有新的名稱或定義出現，行為動作也與平時非遊戲情境中不同。如本章開始的遊戲對話中，幼兒使用木製積木佯裝成蛋，並使用玩具杯子好像在喝咖啡。這「好像」、「假裝」可讓幼兒逃離此時此地的限制，進而海闊天空地嘗試其內心所欲嘗試的動作或行為，因此並不期待要有任何具體成果。

2. 遊戲出自內在動機（intrinsic motivation）：遊戲並不受外在驅力如饑餓所控制，也不受目標如權力及財富所激發。相反的，幼兒遊戲完全是有機體的操弄及激發，而所衍生的活動亦是受其個人所激發，並無外在的目的行為。

3. 遊戲是重過程輕結果（process over product）：當幼兒遊戲時，他只注意活動或行為本身，不注重活動的目的。換言之，方法重於結果。由於不用追尋目標，無形中壓力也減少，讓幼兒可嘗試各種行為或方法。因此遊戲是富於變通，而不是一成不變追求目標的行為。

4. 遊戲是一種自由選擇（free choice）：幼兒遊戲中，自由選擇是一很重要的因素。King（1979）發現幼稚園兒童認為玩積木如果是自己所選擇的，那就是遊戲；如果是老師分派或要他們去玩的，那就變成工作。當幼兒年紀漸長，這因素便不那麼重要了。King（1987）的後繼研究中發現對五年級的國小兒童，是否快樂比是否自由選擇才是區辨工作與遊戲的關鍵。

5. 遊戲具正向情感（positive affect）：遊戲通常被認為就是「歡笑、愉悅及歡樂」。即使並非如此，幼兒仍然認為其極好而重視之（Garvey, 1977）。有時候，遊戲會伴隨著憂慮、不安或些許恐懼，例如坐雲霄飛車，或從陡峻的滑梯滑下來。但孩子還是一遍又一遍地玩（Rubin, Fein, & Vandenberg, 1983）。

　　遊戲是主動而且是動態的。被動的或消極的旁觀行為，無所事事都不能算是遊戲。因此兒童看電視或是看運動比賽均不算是遊戲，只有主動參與活動才算是遊戲（張欣戊，1989）。

　　不囿於外在規則及主動參與亦是遊戲的特色（Rubin, Fein, & Vandenberg, 1983）。話雖如此，但我們不能否認遊戲中的兩個重要形式：有規則的遊戲及白日夢亦是遊戲，因此，若要說符合這兩項特徵才算是遊戲未免太嚴苛了。有規則的遊戲（games），例如比賽或運動，顧名思義，是在遊戲前已定有規則，此亦是幼兒年紀稍長後所常見的遊戲型態之一。當幼兒成長至青少年時，常見有白日夢的活動，Singer（1973）認為白日夢會漸漸取代戲劇性遊戲，是一種幻想性的活動，青少年常在心中呈現名人的想法，而不是用外在行為或語言將其想法表達出來。

二、兒童發展與遊戲：基本的觀察

　　至少有三種方式可以思考遊戲與兒童發展之間的關係。第一，成長中兒童的遊戲行為可視為發展之窗，此種觀點也可說明遊戲在兒童發展中的地位，換言之，遊戲可反映出兒童的各層面發展。第二，遊戲可被視為兒童所得技巧之發展與鞏固的脈絡（context）及媒介（medium），換言之，遊戲增強了兒童發展（在行為技巧和知覺概念的獲得）。最後，遊戲可視為兒童發展改變的工具；遊戲可促進有機體功能和結構組織產生質性的改變。換言之，遊戲造就發展的改變。

　　這三種說辭在某些程度上皆是對的；在遊戲與發展之間它們不是各自獨立的。在某些情況下要決定何種答案是最好之前，需要更多訊息與條件，我們必須知道是哪種遊戲以及何種領域的發展。如果有牽涉實務層面，我們也必須知道孩子的個別差異及遊戲的脈絡情境。有時候，遊戲可促進發展；有時候，遊戲也可增加發展與學習；且有時候，遊戲只是反映兒童的發展。我們不應單獨地想像遊戲的角色或個別地歌頌它的偉大。有時候，遊戲是有損及個人發展與福祉，例如禁忌遊戲，那是被社會群體所

唾棄的，或甚至更嚴重，黑暗遊戲（dark play）或許玩的很卑鄙，還有可能導致個人受傷，甚至死亡。

Greta Fein（1997）將遊戲比喻為吃食行為（eating behavior）是非常恰當的隱喻。吾人不會詢問是否吃會對發展有所助益。但若我們將進食分為組織的營養物（例如，卡路里、維他命、礦物質）。在這種分析之後，我們可能對吃食行為期望有更具體的答案，例如要吃何種營養物，不同年齡層的人要吃多少食物，什麼時候吃，在何種情況下吃等等。Fein 提醒我們遊戲正如人類需要吃食一樣，把「它」（遊戲）當作物質（manner）來回答它與兒童發展之關係。

從理論的觀點來看，遊戲對兒童有近程及遠程的利益。近程的利益是遊戲的正面效益，被認為是立即性或相當近時間的遊戲經驗。遠程的（延遲）的效益被認為是日後或累積的正面效益，此效益是日積月累的。立即的遊戲會造成（results in）或增強（reinforce）日後的發展，所以遊戲促成的早期經驗，會造成現有行為的出現。

兒童的遊戲發展是在多元架構（例如，文化、性別、生理環境、同儕）下，被組織及區分其不同脈絡關係來教化遊戲實務及政策。僅用單一線性的脈絡來解釋兒童的遊戲發展雖具有重要的根本訊息，但不足於解釋兒童的遊戲發展。幼兒四種重要遊戲發展的向度（社會、玩物、表徵及動作）會隨年齡成長，呈現不同能力與內容，例如，社會遊戲自嬰兒呱呱落地後，由所照顧成人的互動中發展並由成人補償嬰兒之有限的能力；玩物遊戲是嬰幼兒的啟蒙，但對年齡較大的幼兒較不重要。社會遊戲技巧隨著幼兒與同儕互動之共同順應之經驗獲得而增加。玩物遊戲是從簡單重複的動作與功能遊戲轉移到建構遊戲組合；表徵遊戲從最早對自己的模仿（之後再對別人）轉移到社會脈絡情境，並更具一致及次序的表徵規則與模式。依 Piaget 而言，純正的假裝開始於嬰兒表現從外在導引（非內在導引）的遊戲行為；表徵遊戲的發展順序為：假裝動作→玩物使用→角色融入→主題。在五歲左右，兒童開始更高度表徵的社會戲劇遊戲及主題幻想遊戲，此兩種遊戲需要更多後設溝通的能力與同儕協調、分享角色的同儕

互動、專心、持續力及注意力；動作遊戲發展從出生至六歲也有顯著地改變，例如，身體的動作技巧、行動敏捷、更好的控制、平衡及大小肌肉的協調。六至八歲的幼兒在社會、玩物、表徵及動作遊戲的發展；他們也有更好的同儕互動，形成同伴團體並接受大人所監督的活動；他們可以用更精緻的方式來操弄玩物，並運用到他們的假裝活動中；表徵遊戲可以附加玩物來使情節更為複雜；動作遊戲可允許幼兒使用更精緻大小肌肉動作技巧而使動作行為更為靈巧。認知遊戲開始使用規則性遊戲、教育玩具和書籍。創造性遊戲也可從他們所喜歡的藝術與工藝，使用虛擬玩物的假裝世界中，視聽媒體之使用（電腦與電動）及音樂性表達的活動漸漸嶄露。

第二節　兒童遊戲時的成人角色

　　成人參與兒童遊戲的好處一直以來常爭論不休。支持成人參與遊戲的學者辯稱此種形式的成人參與可以豐富兒童遊戲經驗及提升兒童之社會與認知發展（Kitson, 1994）。而不支持此論點的學者們則認為，成人參與兒童之遊戲會干擾或抑制兒童的遊戲活動，並減少他們在遊戲學習的機會（Pellegrini & Galda, 1993）。

　　從幼稚園中的觀察或實際研究中都證實成人的參與，確實會增加孩子的遊戲能力。究竟成人參與孩子的遊戲對孩子有何好處呢？

一、支持

　　當父母或老師參與活動，無形中就是給孩子支持（approval）。大人支持孩子遊戲的行為可視為一種無言的溝通。反之，大人不參與，無形中給予孩子一個訊息：「那遊戲不值得一玩」。那麼大人如何增強或刺激小孩去玩呢？在幼兒園中，孩子如果沒有大人的參與，他們遊玩的時間就不長，因為大人的興趣、熱忱反應了孩子的活動情形，若遊戲可引起大人的興

趣，同樣也可引起孩子的興趣，特別是孩子在玩伴裝或社會戲劇遊戲時。因此，讓孩子瞭解大人支持他們的遊戲，願意參與。最近的研究都提到大人參與兒童遊戲可提升孩子遊戲的品質和孩子遊戲的技巧。

二、建立融洽與依戀關係

與孩子建立融洽關係（rapport）的最好方法就是參與孩子的遊戲。Brian 及 Shirley Sutton-Smith（1974）和 Howes 及 Smith（1995）研究皆發現，父母與幼兒玩「數數兒」或「躲貓貓」時，雙方有機會接觸並建立母（父）─子依附關係。當孩子長大，家庭娛樂不僅可幫助孩子成長，也可維持快樂、親密的家庭氣氛。同樣道理，老師在學校若能參與孩子的遊戲，師生關係會很好，這和老師若能彎下身子採取與孩子水平的姿勢來對待孩子，會讓孩子覺得老師是個親切的人，不那麼遙不可及的道理是一樣的（Wood, McMahon, & Cranstoun, 1980）。

三、持續力

當成人參與兒童遊戲時，可以減低孩子遊戲時的不專心，而且會增長遊戲的時間（Hutt, Tyler, Hutt, & Christopherson, 1989）。Dunn 及 Wooding（1977）觀察到當母親與孩子一起玩遊戲時，孩子玩的時間要比他自己一個人玩的時間來得長。英國幼稚園（如 Sylva, Roy, & Painter, 1980）也有類似的發現：當老師與孩子一起玩時，遊戲玩得較長。這種持續力（persistence）可幫助孩子日後對工作的專心，對以後的學校工作也有助益。成人與幼兒一起玩，還可幫助幼兒發展這種重要的技巧，父母或老師應多加以注意。

四、遊戲品質

1977 年 Tizard 研究觀察英國幼稚園的孩子，發現「孩子的自由遊戲

是較低層次的且反覆性高，有 84％ 都是同一動作（掃、挖沙、或跑叫），而較少有高層次的戲劇性或社會性遊戲」（p.206）。很不幸地，在美國幼稚園也是如此。Sylva 和他的同事（1980）還發現美國孩子遊戲的品質比英國的更差。因此，幼稚園似乎需要加強提升遊戲的品質（more elaborate play），幫助孩子去參與高品質的社會戲劇和建構遊戲，以提高他們的智力和社會發展。

　　這些遊戲需要成人參與才可達到目標。在遊戲訓練實驗中發現，成人的示範可以幫助孩子參與高品質的遊戲，而在家庭及學校中的觀察研究也有相同的發現。在幼稚園老師參與的情況下，孩子會比同齡小朋友玩得久，而且層次也較高。Dunn 及 Wooding（1977）也發現：大部分 2~3 歲孩子的想像遊戲是由母親誘導出來的，這對他以後社會戲劇遊戲有很大的幫助。父母親與嬰兒互動，可以鼓勵他們多探索周遭的事物，另一方面，父母也會密切地促進孩子參與社會層面的語言互動，而增加其日後遊戲能力。此外，Bennett, Wood 及 Rogers（1997）亦發現老師可以在與孩子互動時提供玩物，想法及技巧來促進孩子擴展遊戲視野及加強其學習的效果。

五、認知與社會發展

　　研究指出遊戲訓練可提升遊戲層次，也會增加認知及社會能力。因為在遊戲訓練的過程中包含了成人直接參與孩子的遊戲，使成人與孩子產生接觸，有助於提升孩子的創造力、語文智力、以他人立場看事情的能力、以及合作與社會技巧（Smith & Syndall, 1978）。

　　這些能力確實可以因成人的參與而有增長，但成人的參與必須是正確的、適當的，過多的干預或糾正孩子的玩法，可能妨礙孩子的創造力或干擾孩子遊戲的進行，反而產生反效果。Bruner（1980）舉例某一老師常參與幼兒的虛構及戲劇遊戲，但不論幼兒玩此類遊戲是否具有主題，此老師老是扮演指揮角色並要幼兒們聽他指揮。這種老師過分參與及錯誤干預幼

兒遊戲，會導致幼兒思想僵化及不知如何進行扮演遊戲，甚至不再參與社會戲劇遊戲。

六、同儕互動

因為成人可以幫助兒童經營在遊戲中之互動接觸的機會，而且也可以指導孩子成功及有效地與別的兒童一起合作及教導他們如何與同儕相處，來增加其與同儕互動的品質（Howes & Smith, 1995）。

七、鷹架

大人與孩子互動無異是提供支持並創造孩子「近似發展區」（zone of proximal development）（Vygotsky, 1978），例如，當孩子玩扮演商店遊戲時，老師融入扮演情節的角色，幫助孩子畫商標及寫下商店名稱，那是孩子不能自己做的，如此一來，老師（成人）可以幫助整個遊戲的進行及豐富遊戲情節。

這些支持成人要參與兒童遊戲的學者認為成人可以透過支持及回應性互動擴大孩子之遊戲的發展空間（Erwin, Carpenter & Kontos, 1993）。

當孩子進行遊戲時，如果成人的介入是以一種敏感性、因應性及支持性的方式，那麼，兒童的正面遊戲效果便會被加強；準此，成人參與兒童遊戲的好處可促進孩子的警醒水準，增進孩子對環境的注意力。

然而，反對此種論點的學者提醒我們成人之不當介入也可能造成對孩子的影響。他們指出成人過分應用其權威或過度架構整個遊戲情節，反而限制孩子用自己的方法去遊戲及減少孩子探索、解決問題，與同儕互動或冒點風險去考驗自己能力的機會（Miller et al., 1992）。正如 Pellegrini 及 Galda（1993: 169）所指出：「當兒童與成人互動時，成人大部分皆在指導兒童進行工作。」有些老師常會干預孩子正在進行的遊戲，並教導孩子一

些概念，或重新引導他們進行成人認為有意義的學習活動。此種干預常會為兒童所進行的遊戲情節產生干擾，有時也可能造成兒童不再進行遊戲（Jones & Reynolds, 1992; Wood, McMahon, & Cranstoun, 1980）。這些錯誤性應用成人干預，可能就如 Sutton-Smith（1990: 5）所言：「成人最好鼓勵小孩自己玩，也不要應用成人權威，像獨裁式的暴君裝模作樣般來指揮孩子如何來玩，這簡直會干擾孩子並造成對孩子的傷害。」

　　我們堅信成人參與會有好壞之雙邊效果。最重要的是成人如何來參與孩子：（1）培養自信與心智成長；（2）增加依戀管道；（3）鼓勵探索行為；（4）增加社會互動及語言溶入。

　　成人參與兒童遊戲宜扮演下列角色：（1）恰如其分；（2）兼容並蓄；（3）更上一層樓（近似發展）；（4）促進孩子玩性之發揮。

第三節　遊戲與兒童發展之關係

　　Elkind（1981）闡述遊戲是避免匆促學習的良藥。兒童在遊戲中可紓解壓力，尤其今日在快速變遷社會中，所有兒童的社會化機構（如家庭、學校或媒體）加諸給兒童成長的壓力。從最近流行的觀點，能承受一些壓力的兒童，成長更快。父母、學校甚至媒體共同對更年小的兒童施加壓力，以讓他們執行及完成因年長所賦予的任務及要求。Elkind 將這一代的兒童定義為被「揠苗助長的危機」（The Miseducation）或「蕭瑟的童顏」（The Hurried Child）。兒童在其成長（社會化）過程中，其個人被社會化機構施加壓力（p.195）。換言之，兒童之童年為了被催促成長並被強迫學習而犧牲了寶貴的遊戲童年，以讓他們增強或咀嚼過去的經驗。遊戲與工作雖絕然不同但卻是相輔相成的活動。

　　Elkind 強烈批判「遊戲是兒童的工作」的說辭，因為它常誤解遊戲包含了教導練習（這是工作，不是遊戲）。他嚴厲指出遊戲中不當使用事實代理人的介入策略。例如，一位老師介入孩子在玩不同的恐龍玩具；並要

他從大至小做序列排列。結果，孩子不玩了，轉去玩其它玩具。恐龍有很多很棒的表徵意義——它們是孔武有力，但在遊戲的玩具中，它們是渺小而且可被孩子操控。此類遊戲給予孩子安全的方式來操控其實上是巨大的，如同大人一般。Elkind 堅信成人應盡量避免干預孩子此類的遊戲（最好要預先觀察，選擇適當時機介入或不介入孩子的遊戲活動）。

　　相似的例子在幼兒園中是不勝枚舉，老師或保育員時常為了配合課程需求而將孩子的遊戲轉移至老師所導引的活動單元課程中。很典型地，在幼兒園中，老師希望孩子能多加學習，少遊戲（業精於勤，荒於嬉的概念）。而且老師會過於運用權力或時間結構來控制孩子的遊戲活動。

　　從 Elkind 的觀點，兒童個人的同化不應被融入社會的調適之中。Elkind 辨稱兒童的更正工作不是遊戲，而是要迎合無以數計的社會化要求（記住家中電話與地址，記得如何走回去，學習刷牙、讀、寫、算，及處理意識與潛意識的害怕和關心等）。為了完成兒童期的更正工作，兒童更需要機會遊戲並使用玩物來達成充分的個人表達。準此，Elkind 強調小學的美勞藝術活動的價值，甚至可調節遊戲與工作的平衡。在幼兒園的情境，遊戲是最佳的附加價值，而玩物允許孩子有充分的想像發揮及個人表達。遊戲與玩物不僅讓兒童允許有個人及自主活動和自我詮釋，而且也可增加兒童的認知充實，如此皆有助於他們日後學校與生活的挑戰。

　　遊戲本質上是值得一做的事物，它實質地可以充權使能（empowering），整合個人經驗，帶來歡樂及給予人文化之經驗（Fromberg, 1997: 55），我個人完全同意這個看法。更精化的觀點，我更同意 Vygotsky 所認為遊戲對兒童而言是「近似發展區」（zone of proximal development）。遊戲不僅彰顯兒童的發展，而且遊戲也可提升兒童的各個層面發展。遊戲促進身體發展，包括大小肌肉動作技巧。當兒童在戶外玩，他們練習各種大動作技巧，例如，跑、跳、丟擲等。當兒童玩玩具時，他們更使用精細動作技巧，例如堆放拼圖在一起、著色、佯裝煮東西、穿脫娃娃的衣服。

　　遊戲也增強兒童認知的發展。豐富的遊戲可提增兒童創造（擴散式）思考。遊戲增加兒童的想像力及創造力。依 Vygotsky 的說法，兒童從遊

戲中發展「從行為與物體中分離思考的能力」。兒童從遊戲中發展表徵思考，亦是 Piaget 遊戲理論很重要的要素。遊戲也可以促進記憶及使用記憶策略，遊戲的確提升說故事和促進推理能力，遊戲也助長溝通發展。遊戲的重要成分之一是後設溝通技巧。後設溝通意指在遊戲中所發生的妥協與規則。兒童學習如何傳達他們相繼的想法與意圖，並且如何使用語言解決爭執。例如，「給我直升機玩具玩，我就是你的朋友，好嗎？」（The Boy Who Would Be A Holicopter, Paley, 1990: 90）。他們在遊戲中學習如何使用語言。遊戲也強化兒童的社會發展，在遊戲中，兒童練習與人相處，參與團體、分享及輪流等技巧。依 Vygotsky 的看法，兒童在遊戲中製造或依循他們的規則，而從此學會依循社會規則。就 Vygotsky 的觀點，在遊戲中，兒童發展「放棄個人的衝動的行為以迎合更適合團體的精化、自我調節行動的能力」。遊戲也幫助兒童情緒得以發展，他們發展自我尊重及自我概念。兒童可在遊戲中發揮自我控制，他們學習在無威脅的情境學習因應害怕與壓力，投射感受及學習認同他們情緒。藉著與別人一同遊戲，或採用不同角色，兒童學會同理及去除自我中心。它們學習從別人的立場採取觀點，而角色扮演導致兒童採取不同角色；兒童從遊戲中學習自己及他人的角色。

　　有關遊戲與兒童發展之間關係，首先遊戲有三個前提：（1）反映；（2）增強；及（3）導致了兒童的發展。遊戲對兒童發展及幸福感的可能好處在第一個前提中可能被干擾或延遲，甚至被當作「睡眠者效應」（sleeper effects）。這些可能性落入我們的第二及第三的前提——增強及導致。當遊戲與兒童發展相連接，偶發現象（epiphenomenon）及準結果論（equifinality）的原則致使在辨別已證實的關聯性產生困難。偶發現象的原則提示也有可能有不同的因素同時在遊戲中產生，例如，單一形式的遊戲不能意味著就是遊戲的益處；準結果論提示即使當遊戲被說服也顯示與兒童的重要行為結果（例如，讀寫能力的獲得）有關，也可能有其它行為或活動同樣達到相同的結論，到底我們不能澄清遊戲與兒童某一發展之因果關係。如此說來，遊戲與兒童發展，諸如，認知、語言、社會、及情緒發

展領域之相關性如同「雞生蛋」或「蛋生雞」般。

至少，遊戲增強孩童的認知發展，例如，個人表徵能力，操作思考及問題解決能力。遊戲似乎與去除自我中心及觀點取替有更大的關聯性，甚至在擴散性思考、後設溝通、其它後設認知能力及心智理論有更強的因果模式存在。語言發展也與孩童認知發展有緊密的關聯存在。我們也看到遊戲在兒童語言的使用、讀寫能力及故事敘述能力中扮演相當重要的角色。相關研究也建議幼兒的遊戲可促使孩童日後在學校讀與寫能力的發揮。遊戲尤其是對自我意識，情緒分化及情緒調節有密切關係。兒童的現實及真實感，信任及對未來有希望感，還有兒童因應壓力的管理同時與兒童遊戲行為及經驗有關。以整合性之觀點來談論遊戲與兒童發展之關係，這也使我們能更鑑賞遊戲的重要性，因此提升我們將從證據為本的研究結果應用於實務，扮演好成人在遊戲的角色及有效解釋及應用遊戲於兒童日常生活及相關幼教實務中，才是我們對遊戲有正確的認識及發揮最大的效用。

第四節　遊戲發展進程

兒童發展主要研究人類行為隨年齡增長而產生的個體行為改變。應用於兒童遊戲上，便是研究遊戲的內容與結構的改變。為了進行系統性的整合，筆者將遊戲分為四種類型：動作遊戲、社會遊戲、玩物遊戲及表徵遊戲，並將其發展進程列於表 8-1。然而這些分類並不是武斷或絕對的，有時遊戲可並存於多種型態的遊戲類別。表 8-1 由上而下是個體遊戲行為的發展順序，但因個人有個別差異，所以發展的平均年齡會隨個人特質（如遺傳與環境）的不同而有所差異。

成人與孩子一起遊戲時，應特別注意在兒童遊戲行為中以下兩種改變的意義：（1）時間因素對發展的影響。時間因素如何影響了遊戲結構或過

表 8-1　兒童遊戲發展進程

操弄／建築	表徵遊戲	社會遊戲	身體／動作遊戲
1. 玩自己的身體部位（如手指、腳趾） 2. 用手臂揮打玩具並獲得愉快 3. 玩別人的身體部位，如摸別人的臉或頭髮 4. 玩水 5. 在遊戲中去拿玩物（自己拿或從別人處獲得） 6. 在玩的過程中放開玩物 7. 用雙手去敲打玩物或拍手 8. 做影響環境的重複性動作（例如敲打玩具產生砰砰響） 9. 推放玩物 10. 自發性的塗鴉 11. 拉玩具 12. 將容器（籃）中的玩具倒出來 13. 可以橫向排列並且是有組織性 14. 玩沙（過濾、拍、抹平、倒或堆） 15. 玩拼圖 　（1）三件式的形狀拼圖（三角形、四方形、圓形） 　（2）四件式個別成形的拼圖 　（3）四件組成一形體的拼圖 　（4）七件組成一形體的拼圖 　（5）十二件組成一形體的拼圖 16. 將玩具放入容器或籃子內	1. 在遊戲中模仿 　（1）模仿聲音 　（2）模仿別人的手勢 　（3）模仿別人的臉部表情 　（4）延宕模仿（將以前所聽過或看過的聲音或動作模仿出來） 2. 在遊戲中可製造聲音 3. 在遊戲中可用語言交談或叫喊 4. 使用玩物來假裝、虛構（如假裝積木為車） 5. 功能性使用表徵玩具（如電話、車子、娃娃或茶具組合） 6. 使用成人衣物或裝扮遊戲 7. 表現單一的假裝情境遊戲（如喝茶、抽菸或是開車） 8. 表現虛構情境（事件之間的連續或單一角色持續在五分鐘以下，如用茶具組合在一起喝茶、吃餅乾，好像開茶會、派對；或開車去逛街或加油等） 9. 表現虛構情境（單一角色的遊戲可以持續五分鐘以上） 10. 表現虛構情節（有情節、主題但較不具組織性）	1. 模仿鏡中的形象 2. 對鏡中的形象微笑 3. 在遊戲中嘻笑 4. 玩社會遊戲（如玩躲貓貓、玩拍手遊戲） 5. 單獨地玩（如幼兒自己玩玩具，即使與別的幼兒一起玩，彼此處在很近的距離，也不想跟其他的幼兒一起玩） 6. 可以獨立自己玩遊戲，持續15~30分鐘 7. 平行遊戲（幼兒通常玩在一起，但各自單獨做他們的活動或遊戲；通常玩相似的玩具或活動，除非他搶奪別人的玩具，不然彼此不會有社會性的互動或影響他人的活動） 8. 聯合遊戲（幼兒可玩在一起，但各自擁有自己的主題的深度活動。彼此間有溝通交流，通常玩的主體是與玩物有關的活動。彼此之間各自有各自的活動目標與目的，可能彼此有所關聯，但不是一完整組織的活動） 9. 兩人的合作遊戲（兩個幼兒參與共同目的的活動，彼此有組織	1. 可以不用支撐而坐著玩 2. 玩時可以獨立站得很好 3. 爬或匍匐前進 4. 可以邊走邊玩 5. 可以雙手將球從頭上丟出 6. 可以從大人椅子爬上爬下 7. 踢球 8. 聽音樂、做些律動 9. 踩（騎）三輪車 10. 用雙腳做跳遠狀的動作（腳離地） 11. 可以從十英寸高度跳下來 12. 接大球 13. 跑得很好（不會跌倒） 14. 可以在矮的玩具和梯子爬上爬下 15. 跳繩（至少跳連續兩次以上） 16. 會翻觔斗、跳躍、盪鞦韆、用輪子溜冰、走平衡木等

17. 會將蓋子蓋於有蓋的容器 18. 玩黏土 　(1) 會用手去壓擠、滾及造型 　(2) 利用工具（如棒子）形狀加上黏土做造型 　(3) 利用黏土／沙做表徵的玩物（如做所熟識的物品，如電話、車子或茶杯），並能說出其名稱 19. 玩積木 　(1) 沒有表徵意義的建構遊戲 　(2) 具有表徵意義的建構遊戲 20. 用剪刀 　(1) 用剪刀剪東西 　(2) 將紙或布剪成碎片 　(3) 沿線剪成不同的形狀 　(4) 剪成不同的形狀 　(5) 剪圖案（除了太細小的部分之外） 21. 用畫圖來表徵事物（大部分）畫他所知道的故事並能說出故事中圖畫的名字 22. 遊戲建構的結果成為重要的部分 23. 組織工藝技巧 24. 使用顏色筆將圖案著色 25. 拓印／蓋印畫或用筆做描繪	11. 表現有組織、情節的假裝遊戲 12. 可以與其他幼兒做假裝遊戲（社會扮演遊戲）	能相互協調以達目的。通常幼兒是玩一些扮演、競爭／非競爭的比賽，或做一些作品，彼此相互支持以達目的） 10. 團體的合作遊戲（兩個以上的幼兒能達到的目標） 11. 遊戲中有分享行為 12. 玩時可以等待 13. 能為他人做事以達成目標的活動 14. 要求同伴與他一起玩 15. 能叫出同伴名字並炫耀（自誇其所做的事情） 16. 可與特定的玩伴一起玩並可將他當作最好的朋友 17. 能對有規則的遊戲或比賽遵守規則，並能輪流共享玩具	

資料來源：引自 Golden & Kutner (1980)。

程，真正改變具有何種意義？（2）遊戲活動的速率、強度與種類可能在短時間內改變，並且反應也較富有彈性；另外可以將改變視為長時間內一種行為轉移，例如身處兩種不同發展年齡層的兒童，會呈現出不同的遊戲發展階段。

一、0~5 歲幼兒的遊戲發展

兒童發展過程乃是循序漸進，由自我中心到與他人互動、由具體到抽象。Garvey（1977）指出隨著兒童年齡的增長、遊戲有下列四種基本的發展與改變趨向。

1. 生物的成熟：隨著年齡增長，兒童身心的發展使得他們獲得新的遊戲能力與技能
2. 精緻和複雜：遊戲會因兒童技能和成熟加上經驗的豐富，使得遊戲愈加精緻和複雜，而且也可應用多種不同的概念。
3. 減少隨機化行為，增加行為的計畫與控制：兒童可以透過想像直接操弄環境或改變事實。
4. 加深個人的遊戲經驗：兒童透過日常生活的觀察與模仿，習得社會的因果關係，並將這些事件應用在日後遊戲的主題。

二、6~8 歲幼兒的遊戲發展

在進入幼兒園之後，兒童的社會、玩物、表徵及動作領域的發展仍持續成長與改變，尤其在 6~8 歲之間，進入「具體運思期」（concrete operational stage）階段，兒童的認知及社會能力更有極大的發展變化，他們的思考會更加具有邏輯及現實，而這些能力更有助於兒童調節他們的注意力、活動及情感，也能幫助兒童獨自或與別人一同參與高層次的遊戲情節。在 6~8 歲之間，某些最早展開社會化的家庭，已經把社會生態融入到學校、幼兒園及不同鄰里和社區機構的文化當中，隨之而來的，便是兒童有了更多規則遊戲和休閒的新機會。

（一）社會領域

　　一般而言，6~8 歲的兒童已擁有相當不錯的互動技巧。他們的社會認知水準可以讓他們瞭解別人的知覺、想法、意圖和感受，並且在衝動控制、有能力規劃及從容滿足上已有相當的基礎，比起他們在幼兒園時，有更分化的自我概念，也使得他們有更優良的社會能力及成熟的友誼關係。他們的社會遊戲具有更親密的同儕關係以及更強的團體成員互動。Thornburg（1979）宣稱，在所謂的「泡泡糖年代」（bubble-gum years），同儕互動團體的行程是在長時間中一點一點累積形成。兒童終日徜徉在複雜的社會環境中，與各式各樣的人共處。

　　各種角色彼此間會進行互動。他們常加入團體、組織，從事與遊戲有關的活動，或者參加發展肢體動作或藝術能力的班級或課程（如芭蕾、打擊樂、冰刀）。雖然成人所期待的個人或團體競爭活動在幼稚園就已經開始，但競爭活動在上小學之後更是到達顛峰。少棒、足球、曲棍球、足球及其他由成人指導的團隊比賽，都促進了兒童的社會發展。

（二）玩物領域

　　幼稚園與學齡兒童在遊戲中使用玩物的方式已經日趨複雜化及精緻化。在家中、學校或社區的各種活動，無論是單獨或同儕一同進行的社會遊戲，兒童隨時可展現出超層次的建構遊戲、以成果為導向的遊戲，或充分發揮創造力的遊戲。年齡較大的幼兒（5~8 歲）和學齡前幼兒相較，在建構遊戲的層次上截然不同，其間的差異不僅在於操作的複雜性，也在於社會互動的精緻層次和象徵意義。不但如此，年齡較大的幼兒也會將積木的建構遊戲融入社會戲劇遊戲的主題，並將玩物當作道具，如模擬超級市場或園遊會，同時他們在遊戲上也會花費更多的時間和心思。

　　積木遊戲即使對年齡較大的兒童來說，也仍舊具有吸引力，如樂高積木（Lego block）、其他積木（如 Lincoln logs）或組合的玩具及零件。兒童會在遊戲中發展良好的操弄技巧進行積木遊戲。幼兒園以上的幼兒已經可以玩一些螺絲組合玩具和電動組合玩具。

（三）表徵領域

假裝是兒童從 2 歲開始的主要遊戲方式，到了 4、5 歲的學齡前期，會增加社會群體的伴裝，又稱為社會戲劇遊戲。接著，在 5 歲之後，兒童在教室及戶外遊戲場從事社會性伴裝遊戲的比例會明顯降低。但在其他社會情境中，幼兒對於扮演遊戲仍舊會保持高度興趣，他們在家裡及社區會共同進行伴裝遊戲，並在遊戲中納入當代社會文化及媒體中的相關主題及內容。這種伴裝遊戲往往會吸引不同年齡的同伴聚在一起共同從事角色的扮演。

（四）動作領域

當兒童從幼兒成長至學齡兒童，他們已發展出更精緻的大肌肉及小肌肉的動作能力，而且也有助於他們在其他發展領域中有更好的專精（mastery）能力。他們已發展的大肌肉的強度、協調力及平衡感，統合起來更有助於發展小肌肉的技巧及靈巧性，使他們能參與更多不同的活動。

（五）認知性遊戲

認知遊戲與創造性遊戲常混和在一起，換言之，所有的遊戲都具認知與創意。認知有兩種重要的指標向度：擴散思考和聚斂思考。這兩種層式的各種要素都在不同的遊戲情節中應用得淋漓盡致，例如音樂遊戲。當聚斂思考獨佔一方時，此時遊戲是屬於認知性的；而擴散思考獨佔一方時，那遊戲被稱為是創造性遊戲。用這種方式來區分認知及創造性遊戲雖然有些獨斷，但我們卻經常使用此種方法來區分兩者之間的差異，不過對於規則性遊戲、教育性玩具的使用及書本，我們則視為認知性遊戲。

（六）規則性遊戲

運動競賽和其他體能性競賽、大富翁等紙板遊戲、電腦及電動遊戲在小學時期都深受兒童歡迎。雖然有時幼兒也會參與這種遊戲活動。但是他們所採用的規則都非常簡單，而且常需要成人的協助。即使是已上小學的

6、7 歲幼兒，他們所玩的遊戲，規則也相當簡單且容易遵循，沒有艱深的入門技巧或策略。進入小學中年級（8 歲之後），或是對某些較小的幼兒，他們的思考層次已經到達 Piaget 所稱的具體操作（邏輯）思考期，他們可以在遊戲時，呈現更高的認知及社會要素。

（七）教育性玩具

　　學齡兒童常會在家裡、學校、社區之托育機構使用教育性和技巧發展性的玩具。此種的玩具、玩物及規則性遊戲常見具有教育性質。適合幼兒的科學玩具，包括磁鐵、手電筒、放大鏡、色紙、石頭和貝殼、時鐘、電子計算機，及其他幫助幼兒觀察和操作的玩物。學齡兒童常使用顯微鏡、化學組合物、望遠鏡和其他有挑戰性的電腦軟體。這些玩物可鼓勵幼兒探索、觀察、解決問題，而且用較開放、遊戲性及創造性方式來進行玩物操弄，運動及競賽的設備也可以幫助兒童發展動作的技巧。

（八）書籍及繪本

　　書籍和其他印刷品也可誘引兒童的認知遊戲，此種遊戲在歐洲稱為接收遊戲（reception play）（Van der Kooij & de Groot, 1977）。這種遊戲的例子是閱讀圖畫繪本，當別人在繪圖、建構玩物時，兒童在一旁觀看或模仿別人的遊戲行為，聆聽或大聲朗誦童話、故事或歌謠，以及看錄影帶、電影、電視、玩偶劇等。在此種遊戲活動中，兒童必須運用心智能力，而不需要太多的動作。雖然兒童在這種活動中是被動的，但他們需要運用智慧並且用心的融入活動。在這種接收遊戲中，書本扮演了很重要的角色。

（九）創造性遊戲

　　創造性的光環常伴隨著兒童遊戲而來，尤其在這種遊戲具有想像並擁有直接思考及自我調節的特質。這種遊戲排除自我聯想、間接思考或刺激導向的行為。例如幼兒的隨意塗鴉並不是融入創意遊戲的行為，除非他們說他們正在寫或畫東西。

三、9 歲幼兒的遊戲發展

當進入小學中高年級，有的人已步入青春期，兒童的遊戲與競賽漸漸減少了，在此時便變成閒暇或休閒遊戲。閒暇或休閒就是青少年扣除生活必須時間（吃、喝、睡覺）及上課的時間以外，自己所有也可用的時間。青少年對電子媒體結合的電影、電視、遊樂器、音樂與電玩遊戲是深受他們喜歡且普遍性的。這些休閒的功能能讓青少年脫離現實、探索令他們興奮的事，例如，學習與異性交往、和同儕分享思想與興趣。

第五節　適齡方案——玩物的選擇

一、0~2 歲嬰兒期

0~2 歲的嬰兒除了動作與知覺的迅速發展之外，其對玩物的興趣也有很大的改變；剛開始具有與生俱來的反射及知覺能力，但不知如何玩玩物，遊戲的動作完全靠後天學習的經驗，透過重複的動作基模進而類推至其他玩物。之後由於動作技巧的精熟和經驗的擴增，嬰兒能在時間與空間上操弄及控制玩具。嬰兒時期又具有多種遊戲型態，主要相關性的動作遊戲即在後期逐漸加上一些表徵遊戲，因此此時玩物之提供最好可增加嬰兒探索，尤其是知覺動作及感覺刺激，加上刺激語言發展及心理表徵概念之玩物。

表 8-2 0~2 歲各分期所適合的玩物

年齡	玩物
出生至 3 個月	因為此時期的嬰兒尚無法抓住東西，所以，適合的玩具主要是可以刺激感官的玩具，如：搖鈴、風鈴、彩色圖片和壁紙、嬰兒床飾品、音樂盒和其他可以發出音樂聲的玩具。
3~6 個月	這個時候開始有基本的抓取動作。故可加入適於抓取、扭擠、和置入口中的玩具。或許亦包含了布球、柔軟的物體和可以磨牙齒的玩具。
6~12 個月	可以反應兒童活動的玩具。如：富有彩色圖頁的書籍、積木、海綿、鏡子、玩具電話等。
12~18 個月	可以推、拉的玩具、各種球類、簡單的拼圖（大塊、易於處理的）、積木、有輪子的玩具車。
18~24 個月	用於戲水和玩沙土的玩具：瓢子、鏟子、各種大小的水桶。故事書、洋娃娃、木偶、填充式的動物玩具、積木。

二、3~5 歲幼兒期

在兩歲之後，幼兒可瞭解玩具的一般使用方法並且也出現表徵能力，所以他們玩伴裝遊戲的能力增加；加上他們動作日趨穩定成熟，其大小肌肉動作發展（使用大型玩物、如積木）活動能力及小肌肉動作發展之手眼協調能力（如拼圖、樂高等）持續發展，但仍需要不斷地刺激練習以增加這些動作技巧的熟練。在社會性互動上，3~5 歲幼兒之社會特徵與嬰兒之成人玩伴的社會互動大有不同，他們逐漸增加與同儕之互動機會，透過與同儕之分享、輪流，幼兒逐漸發展了同理心及觀點取替的能力。所以在3~5 歲幼兒階段宜加強其幻想與探索、語言的準備及算數的準備。

（一）幻想與探索

3~5 歲的幼兒藉著實際操作來學習事物（learning doing），因此加強其虛構能力如想像等，可幫助他們探索或瞭解成人所期許的適當行為，此外幻想可幫助孩子紓解害怕的情緒，例如玩上學的遊戲可以減輕幼兒害怕離家（或分離焦慮）的事實。

（二）語言的準備

　　沒人說過遊戲應該是安安靜靜的。事實上，3~5 歲是幼兒語言發展階段，遊戲是越吵雜越好，因此好的玩具應能提供機會，刺激兒童對聲音和語言的敏感度，以促進幼兒聽和說的能力。像是有顏色的木琴、有字母語音節的玩具鋼琴等，皆可幫幼兒增進其聽覺辨認的能力和技巧，也可增進其日後對音樂的敏感性。學齡前兒童如能常聽音樂或故事卡帶，對他們的聽力有很大的幫助，當然幼兒能一起大聲唱就更好了。

　　玩木偶偶而也有助於幼兒的語言技巧，因為幼兒在玩時要實驗不同木偶的腔調或聲音說話。其他如現代的電子玩具已可幫助幼兒的語言能力。

（三）算數的準備

　　幼兒對周遭的事物會加以分類及數數，並藉由詢問的方式來釐清對分類的瞭解。例如幼兒常會問那是什麼？和〇〇是一樣的嗎？或自言自語的數數，有時甚至會故意跳過某些數，如果因此而獲得大人的注意，那幼兒會覺得更好玩。事實上，幼兒數的概念也是由操弄實務經驗而來，例如玩拼圖或積木，以及一對一的關係來計數（例如數了九個葡萄後再與 9 的數字做制約聯結）。也有一些玩具本身即可提供幼兒簡單的數概念，如建築積木組合可幫助幼兒瞭解部分與整體的關係以及空間關係，並藉由數積木來瞭解數的概念；此外也可比較哪一塊積木較大，哪一塊較小？可以怎麼分類？有多少塊紅色積木？哪一塊是三角形、圓形等。

　　還有圖案與數的配對遊戲亦可幫助幼兒建立和總數之關係的概念，例如骨牌、紙牌都可幫助幼兒建立一對一協調關係及配對的能力，又如信誼基金會出版的記憶轉轉盤也可訓練幼兒的記憶與觀察能力，此外「大富翁」也可讓較大的幼兒接受數、輪流、遵循方向的訓練。

三、6~11 歲學齡兒童

　　上完幼兒園之後，兒童仍繼續在遊戲，只是在此時期不但動作臻至成

熟，也具有社會能力及認知概念，所以此時期的遊戲與幼兒大不相同，他
們玩較激烈的動作遊戲，尤其是在需要高度動作技巧的、有規則的玩類遊
戲，他們時常遵守與堅持遊戲之規則及儀式，加上他們逐漸發展具體抽象
概念，所以表徵遊戲及裝扮遊戲之頻率會大減。當他們與同儕互動之間越
頻繁與成熟時，他們不透過遊戲瞭解別人期待，並創造及遵守同儕群體間
的規範，而逐漸建立兒童文化（childhood culture）。

學齡前兒童的遊戲特性是發展井然有序的邏輯思考，需要同伴歸屬的
需求及擴增自我能力及自尊的自我功效需求，其遊戲及玩物之建議如下：

（一）6~8 歲學齡兒童低年級

1.社會發展

這時兒童已進入國民小學，社會接觸已增廣。遊戲可幫助兒童社會能
力的成長，並教導兒童符合應用社會技巧及策略。利用玩具或遊戲來提升
兒童間的友誼、練習分享及合作的社會技巧是很重要的。傳統的遊戲道
具，如撲克牌、彈珠、西洋棋（象棋）皆能鼓勵及促進團體的互動，而活
動性較大的戶外遊戲如籃球、足球、棒球也可促進兒童們的團隊工作及合
作精神。

在這年齡，他們喜歡蒐集個人喜好的物品如卡通人物、芭比娃娃、棒
球明星卡片、組合機器人、皮卡丘卡、數碼寶貝卡、玩具車等。並相互比
較誰擁有的收藏品比較多。大人們應該利用一些方法去鼓勵兒童和朋友交
換收藏品，以分享更多的玩物。

事實上，擁有這些玩具對這年齡層的兒童是很重要的，這是他們成長
文化之一。就像我們小時候也玩一些尢仔標、彈珠、橡皮筋等一樣，只是
他們現在玩的是卡通人物或商業化的產品而已。讓父母擔心的是這些玩具
常是電視廣告的產品，但這並不表示這些都是不好的玩具。

2. 認知及知覺動作技巧

6~8 歲的兒童由於手指操作的靈活度增加，因此也可操弄富挑戰性、

困難性的玩具，如此一來大大提增其認知能力、知覺及技巧。開放式建構玩具組合，如樂高公司所出的樂高、Fisher-Price 所出的 Construx、Play-Jour 公司所出的 Capsela 及 Ohio Art 所出的 Zaks 等建構玩具組合，皆有鼓勵此年紀兒童去體驗知覺、平衡及部分與整體之關係，同時他們的手眼協調能力也加強了。何況當兒童在拼湊組合時，他的腦中也不斷在思考，想辦法解決問題。

雖然以前建構玩具的市場是男孩的天下，但近年來女孩們也越來越喜歡並趨之若鶩。除了建構玩具之外，鋸齒狀拼圖亦是此時小朋友的喜愛物品，拼圖讓兒童更精進其部分與整體的觀念，使小肌肉手指動手更靈活、手眼協調與認知的技巧更增進。通常此時兒童可玩一百片以下的拼圖，而除了鋸齒狀拼圖外，三度空間的拼圖讓兒童從一些小片的幾何圖形拼湊成他們所想到的立體物件，讓他們接受思考、解決問題及忍受挫折的挑戰（拼圖仍以大及廣邊為主）。

3. 創造性表達

不管兒童的藝術能力如何，都應該提供他們各種不同的玩具與經驗，來幫助他們發揮創造性思考。從兒童蓋印章、玩配對片，到芭蕾舞、短劇等視覺及表現藝術的經驗，皆可以幫助兒童表達自我、和人溝通情緒與感覺的能力。

兒童用蠟筆、水彩、黏土來作畫或黏塑時，不僅是一種情感的宣洩，也是日常生活中對實物瞭解程度的一種表達。此外多接觸美學的東西，如逛博物館或欣賞兒童劇等，亦可讓對美與藝術感受度較低的兒童創造出極為美妙的東西來。

（二）9~11 歲學齡兒童

1. 解決問題能力

到小學高年級時，兒童已用複雜的、解決問題的模式來解決其生活中所遭遇的難題。一些思考遊戲如一個船夫要載雞、狗、貓過河，但雞不與

貓同船，而貓不與狗同船等，去問兒童如何解決這類問題。這種問題不僅讓此年齡兒童（即前青春期）覺得趣味盎然，更幫助他們應付其外在的現實環境，並由互動回饋中獲得更寶貴的解決問題的策略與經驗。

2. 視覺娛樂系統

市面上的電動玩具如 PSP、Wii、Wii Fit、NDS 及 Play Station III 等。皆可將日常生活中角色扮演的故事或解決問題的策略搬上螢幕來模擬解決，例如運動比賽軟體可幫助兒童思考如何去獲勝。兒童可從手邊有限的資料及暗示中去想出解決問題的方法。

3. 小肌肉動作技巧

此階段兒童可處理小片的拼圖，提升其手指靈巧度及小肌肉操作技巧。除了拼圖，9~11 歲的兒童也對幾何三度空間的模型組合很有興趣。這種遊戲對他們來說是項挑戰，如遙控車、飛機、坦克、舟船等的模型組合。這些工作有時相當複雜，需要大哥哥、大姐姐或成人的一點協助，不過過於簡單卻會減少兒童遊戲的動機。此外真實的工藝活動如木匠、十字繡、黏貝殼畫等也需要這年齡所具備的耐力、集中力及手指靈巧性才能完成。

4. 策略能力

因為策略遊戲需要遊戲者去做攻擊、防守的佈置，需冒險及預測結果，因此這些遊戲可以加強遊戲者決斷思考能力及認知技巧。9~11 歲兒童喜歡玩大富翁、陸戰棋或 CS 攻略遊戲等。因每一步棋皆步步驚魂或充滿玄機：我應前進或停留？我應坐牢嗎？我該置產嗎？這些兒童也喜歡賓果、井字及五字棋等這些需應用策略才能打敗對手的遊戲。另外，許多運動活動如高爾夫球、網球、兵乓球或新的戶內活動，也提供兒童敏感性、準確性的訓練、以及一些策略抉擇的機會。而有角色扮演的遊戲中，充斥於各角落，就像真的話劇或戲劇角色扮演一樣，讓遊戲者以扮演的角色，

在虛構世界裡解決問題。

四、12 歲以上國中階段之青少年

　　青少年階段的智力朝向代表抽象和假設推理之抽象概念化，在此社會發展上，不僅對同儕群體有歸屬感的需求，而且還要分辨哪些人可以提供如朋友之親密感的需求，甚至發展異性關係，所以青少年驗證了自身正在發展一種強烈的交流溝通上的需求。此外在人格發展中，青少年正處於一種狂飆（storm and stress）的兩難境遇裡，所以要為他們自己創造一種穩定的、持久的自我意識而奮鬥，以達到自我認知與自我接受之自我認同需求。如此說來，青少年階段之遊戲（休閒）宜加強抽象思考／推理、獨立生活技巧，以及對於新科技的瞭解。茲分述如下：

（一）抽象思考／推理

　　此時期青少年已發展了抽象思考的能力，這可在他們學校的課業內容或家居的活動中看出來。他們可以做思考上的運作如假設推理，而不必一定要用實務操作。此時學校的科學實驗可鼓勵青少年思考各種反應之間的關係，進而衍生出自己的假設，如化學、電、太陽能或雨水蒐集的實驗，可助青少年驗證科學的理論，而科學儀器如顯微鏡、望遠鏡、暗房或溫室等皆可促進青少年獨立學習的能力，助其概念具體化。

（二）獨立生活技巧

　　有一些青少年非常想脫離父母的控制，不論是情緒上或生活上皆渴求獨立。然而在發展上，青少年前期在尋求獨立時，仍需要父母給予情緒支持，才可助其發展更好的福祉（well-being）（kuo, 1988）。在尋求獨立時，青少年需要從一些活動來助其發展求生技巧及生活獨立的能力，因此遠足、騎自行車、露營、旅行或其他戶外冒險活動，都是培養上述技巧及能力的很好的活動。青少年自己盤算並計畫的自助旅行亦是幫助青少年自

我依賴及離開父母控制的好活動，但是青少年可能會遭遇到惡劣的天氣、環境，影響其鍛鍊自己的能力，因此事先完善的準備及一些必要的配備，如帳篷、自行車、指南針、睡袋、瑞士刀及登山鞋等是必要的。

（三）安於新科技的發明

現代青少年的日常生活中充斥著科技發明，如隨身聽、電動、電腦及網絡等，雖然這些高科技產品主要目的在於娛人，然而其教育價值亦不能忽略，最近的科技甚至已發明可以讓青少年自己設計卡通角色並可讓其活動的遊戲。

此外電子琴等可以讓青少年自由的譜曲或讓不懂音樂的人也可以奏樂。這些工具經由電子程式設計可以讓青少年沉浸於音樂世界中，自得其樂。

結語

社會能力是個體能在不同環境脈絡的社會互動中，於實踐個人目標之外，又能與他人維持正向人際關係的能力。今日的孩童是明日國家未來的棟樑，「今日不投資，明日一定會後悔」；教孩童學會釣魚比給他們魚來的重要。隨著孩子年齡的成長，兒童的遊戲行為也會隨之改變。從這些遊戲行為的改變歷程中，我們可以瞭解孩童從陌生的探索行為發展到可以掌控及創造新刺激的遊戲行為，並從而隨時間的推移，個體從嬰幼兒的身體、動作、知覺的發展，到幼兒語言、邏輯及智能操作的提增，到學齡兒童的認知具體操作、社會發展，問題解決能力、策略謀略能力，到青少年抽象思考／推理，獨立生活技巧及適應新科技的發明。所以，成人要幫助兒童從遊戲中獲得最佳益處，我們必須加以思考兒童的特定年齡的發展概況及發展下一個步驟為何（也就是兒童的遊戲發展順序），如此一來，我們才可提供最佳玩物及做一情境佈置或調整，以期在特定的社會脈絡情境中來

提升兒童的遊戲行為，進而透過遊戲媒介來增進兒童發展及日後的社會發展。

　　Elkind 闡述遊戲是避免匆促學習的良藥。兒童在遊戲中可紓解壓力，尤其今日在快速變遷社會中，所有兒童的社會化機構（如家庭、學校或媒體）所加諸給兒童成長的壓力。從最近流行的觀點，能承受一些壓力的兒童，成長更快。父母、學校甚至媒體共同對更年小的兒童施加壓力以讓他們執行及完成因年長所賦予的任務及要求。

參考文獻

一、中文部分

張欣戊等（1989）。**發展心理學**。台北：空大。

二、英文部分

Bredekamp, S. & Copple, C. (1997). *Developmentally appropriate practice in early childhood programs*. Washington DC: NAEYC.

Dunn, J. & Wooding, C. (1977). Play in the home and its implications for learning. In B. Tizard & H. Harvey (Eds.), *Biology of play* (pp. 45-58). London: Heinemann.

Fein, G. (1997). *Play and early childhood teacher education: Discussant remarks*. Symposium presented at the annual meeting of the Association for the Study of Play Meetings. Washington DC.

Fromberg, D. (1995). Politics, pretend play and pedagogy in early childhood preservice and inservice education. In E. Klugman (Ed.), *Play, policy and practice*. St. Paul, MN: Redleaf Press.

Garvey, C. (1977). *Play*. Cambridge, MA: Harvard University Press.

Golden, D. B. & Kutner, C. G. (1980). *The play development progress scale*. Unpublished manuscript.

Howes, C. & Smith, E. (1995). Relations among child care quality, teacher behavior, children's play activities, emotional security and cognitive activity in child care. *Early Childhood Research Quarterly, 10*, 381-404.

Hutt, S., Tyler, S., Hutt, C., & Christopherson, H. (1989). *Play, exploration and learning: A natural history of the preschool*. London: Routledge.

King, N. R. (1979). Play: The kindergarteners' perspective. *Elementary School Journal, 80*, 81-87.

King, N. R. (1987). Elementary school play: Theory and research. In J. Block & N. King (Eds.), *School play* (pp. 143-165). NY: Garland.

Kitson, N. (1994). "Please Miss Alexander: Will you be the robber?" Fantasy play: A case for adult intervention. In J. Moyles (Ed.), *The excellence of play* (pp. 88-98). Buckingham, United Kingdom: Open University Press.

Pellegrini, A. & Galda, L. (1993). Ten years afterA reexamination of saymbolic play and literacy research. *Reading Research Quarterly, 28(2)*, 162-177.

Rubin, K. H., Fein, G. G., & Vandenberg, B. (1983). Play. In P. H. Mussed (Ed.), *Handbook of child psychology: Vol. 4, Socialization, personality, and social development* (4th ed., pp. 693-774). New York: Wiley.

Sutton-Smith, B. & Sutton-Smith, S. (1974). *How to play with your children (and when not to)*. NY: Hawthorn.

Sylva, K., Roy, C., & Painter, M. (1980). *Child watching at playgroup, and nursery school*. Ypsilanti, MI: Hugh/Scope Press.

Thornburg, H. (1979). *The bubblegum years*. Tucson: HELP Books.

Van der Kooij, R. & Groot, R. de (1977). *That's all in the game: Theory and research, practice and the future of children's play*. Groningen, Netherlands: Schindele-Verlag Rheinstetten.

Wood, D., McMahon, L., & Crantoun, Y. (1980). *Working with under fives*. Ypsilanti, MI: Hugh/Scope Press.

第九章
如何培養機警勇敢的孩子

學習目標

➢ 研習本章內容，學習者應能達成下列目標：

1. 瞭解兒童常見的事故傷害

2. 事故傷害之預防

3. 事故傷害的處理

4. 安全教育的時機

5. 兒童及少年事故傷害防治之對應政策及措施

　　許多相關研究指出，兒童所發生的傷害與事故的原因雖然頗為複雜，但其實大多數卻是可以預先防範或是不必要發生的（Berger, 1991；Whaley & Wong, 1987）。希望透過多方面因素的探討，期能瞭解造成兒童事故傷害的各種原因，並尋求可能的預防之道，以及在事故傷害發生之後的適當處理方式（郭靜晃，2005）。

第一節　兒童常見的事故傷害

　　根據長期的資料分析顯示：導致兒童發生事故傷害的原因是多方面的，由於兒童缺乏自我照顧能力，需要成人隨時注意他們的周遭環境，負起陪伴照顧的責任。而造成兒童事故傷害的種類相當複雜，例如，黃羨惠（1983）在台東地區，對國小教師進行的調查研究，其結果顯示，國小學童經常發生之意外事件以創傷（跌、撞傷、刺、割傷）占首位，其次依序是流鼻血、昏倒、打傷、扭傷、骨折、外出血、昆蟲咬傷、灼燙傷、車禍、食物中毒與腦震盪等。李寶璽（1993）在城鄉兒童意外傷害之比較研究中，調查台北市與台東縣之家中學齡前兒童意外傷害發生情形，結果顯示，幼兒意外傷害的種類，仍以跌倒墜落最多，占各類意外傷害的 44%，其次為割傷，第三為燒燙傷，第四為交通意外事故。鄧文蕙（1991）由醫院蒐集五歲以下因意外傷害而至急診或門診之個案，研究結果亦顯示，兒童意外傷害以摔倒、跌落最高（65%），其次分別為燒燙燒、異物侵入、割（刺）傷及中毒等。以下就兒童常見的事故傷害作介紹：

一、跌傷

　　兒童造成跌傷的原因多為滑倒、絆倒、互拉互撞、從桌椅樓梯跌落等，尤其六歲以下幼兒最常見，男生比女生的發生率高，受傷部位以頭部及顏面損傷最多，傷害程度多為輕傷，重者多為骨折。Sellstorm、

Bremberg 與 Chang 在瑞典對托兒所及幼稚園之幼兒進行意外事件調查，亦發現以跌落為最常見，而中毒及燒燙傷則是最為少見的意外傷害事件（引自郭雪英，1995）。此外，根據白璐（1992）的研究報告，兒童因受傷而送醫急診者，傷害發生的場所，有 41.2% 是在家庭中，有 26% 為校園裡，這顯示除了居家安全之外，校園意外事故的防範與管理，刻不容緩。

二、割（刺）傷

受傷原因多為被利刃或其他尖銳物品（如碎玻璃、木片等）所刺傷或割傷，杜友蘭等（1980）的研究顯示，四至六歲幼兒意外傷害以跌落居首，次為被利器或刺器所傷，割（刺）傷之症狀以撕裂傷最多，刺傷者也以輕度（傷小不需治療或只需縫合者）較多，為 66%。中度撕裂傷（需進一步治療或換藥，或伴有血腫的複合性傷口，伴有水腫、挫傷）占 20%。在日常生活中，兒童使用剪刀、刀片等工具的機會相當少，但必須小心注意，以免被利器所割傷，尤其是鏽蝕的利器可能造成破傷風。

三、夾傷

兒童在開關抽屜、門、摺疊桌椅時不小心而夾傷，造成的傷害多為肢體紅腫痛，傷害程度為輕傷，但近來亦常傳出摺疊桌椅夾死幼兒的案例，因此，幼兒園最好避免購置此類設備。

四、燒燙傷

根據「兒童燙傷基金會」在 1994 年 11 月所公布的一項「預防急救認知調查」的研究報告中顯示：在受訪的一千多個樣本中，有 10.6% 的家庭曾有兒童被燒燙傷過，也就是說，平均每十戶有兒童的家庭中，就有一戶曾有兒童被燙傷過。該項調查也顯示，造成兒童燙傷最主要的原因是熱水、熱茶和熱湯等熱液類，約占半數以上，其次較特殊排第二位的燙傷原

因竟然是機車排氣管，平均每五名燙傷兒童中就有一名是被機車排氣管所燙傷。

　　兒童燒燙傷多是因熱水、火焰、熱食、腐蝕物等所致，多數燒燙傷的傷害程度較嚴重，五歲以下幼兒受到燒燙傷者超過九成需送醫緊急處理。一般燒燙傷傷口經治療即可痊癒，但若傷及顏面，除治療上困難度較高之外，治癒後的心理重建亦相當費時。燒燙傷是造成兒童意外事故最可怕的一種，經常發生在廚房、浴室及客廳，嚴重燒燙傷可能會導致長期住院、嚴重的疼痛或營養的不平衡，甚至全身性感染。

五、異物侵入

　　多為灰塵或砂礫吹進眼中、小飛蟲或水侵入耳中、錢幣或鈕扣塞入鼻孔或口中、魚刺或食物哽住喉嚨等情形，在兒童期發生率亦相當高，幼兒常有將所拿到的物體放入口中含咬的習慣，但卻可能將某些細小的物體吞入腹中，造成對內部消化或呼吸器官的傷害，若吞入的物體較大或是邊緣較為尖銳，甚至會發生窒息或內出血的情形。

六、咬傷

　　最常見的是被蚊蟲叮咬，偶有兒童被野狗咬傷及蜜蜂螫傷等意外，甚至兒童之間遊戲或衝突時互咬受傷亦有可能。一般來說，被狗咬傷的情況最常見，偶而也被貓或老鼠咬傷，至於比較特殊的咬傷，就是被毒蛇咬到。曾有新聞報導小孩被猛犬咬成重傷幾乎致死的嚴重情況，但一般都只是留下動物的齒痕，有些滲血，有些則因內出血而使膚色改變的輕微情況，但問題是由於狗貓的牙齒細菌很多，若是有傷口就會受到感染，所以當兒童被咬傷後，最好能夠接受專科醫師的診治，較為放心。

七、中毒

可分為消化道中毒、呼吸道中毒及皮膚性中毒：（1）消化道中毒可能是藥物服用過量或誤食藥物或有毒物質（如洗碗精、去汙劑、生肉或腐壞食品）；（2）呼吸道中毒則可能是吸入有毒氣體或煙霧（如殺蟲劑、一氧化碳）；（3）皮膚性中毒則多為被植物（如夾竹桃或常春藤）或昆蟲（如蜈蚣或毒蜘蛛）的分泌物接觸或叮咬，所造成的中毒現象。誤食毒藥物導致中毒，大部分是發生在家裡。水管或浴廁清潔劑則可能對組織造成嚴重傷害，甚至可能對消化道造成灼傷，危及生命。

八、交通事故

交通事故是造成兒童受傷及致死的主要原因，在兒童所受到的機械性傷害中，最常發生的莫過於由各種交通工具所造成的事故傷害。

根據內政部警政署 1999 年的統計資料顯示：與兒童有關的交通事故件數共 155 件，占 6.2%，造成 96 名兒童死亡，129 名兒童受傷，有 63.2% 的兒童事故發生類型是車與車相撞。按兒童活動狀況分，142 名兒童（占 63.1%）是在保護者同在的一般活動中發生事故傷亡，在無人保護的一般活動中發生交通事故傷亡者亦達 18.7%；此外有 41 名占 18.2% 是在學校活動（包括上下學中及旅遊）中發生事故傷亡（陳永炅、黃珮琪，2000）。

九、溺水

喜歡玩水是兒童的天性，而溺水常發生在夏季的游泳池、水井、池塘、河邊或海邊等地點，也可能發生在家中的浴池或蓄水池，嚴重者會導致死亡。

十、中暑

　　主要因為人體體溫調節中樞的能力受損或汗腺排汗功能不良而引起。其原因有：（1）空氣中溫度太高，且有乾而熱的風；（2）高溫、高濕度且空氣不流通；（3）罹患衰竭性疾病，使得身體不能由排汗來調節體溫，隨著體溫的上升，組織細胞受到損害而致中暑。大多數中暑是突發的，開始時症狀有頭痛、皮膚發熱、噁心、眩暈、臉色發紅等，然後體溫遽升，可達攝氏 41 度以上，可能會導致昏迷、抽蓄、休克等，甚至危及性命。

第二節　事故傷害之預防

　　事故傷害多年來一直是我國學齡前幼兒的首要死因，而在幼兒事故傷害防制的工作中，「居家安全」值得特別注意。事故傷害（accidental injury）或意外傷害（unintentional injury）是當今兒童所面臨最顯著的公共衛生議題。事故傷害是 1~19 歲兒童死亡最主要的原因，而這些傷害死亡是可以加以預防的。兒童事故傷害常見的風險因素會因年齡、性別而異，不同年齡不僅好發不同的事故傷害，相同的事故傷害在不同年紀的兒童身上，也會有不同程度的傷害，與其說男童與女童在心智、身體肌肉張力上發育的不同，不如說是因為接觸不同事物，導致不同型態的意外傷害。此外，不同的家庭、社會狀況與環境，事故傷害發生的機率也會有所不同，通常權威性教育的家庭，事故傷害發生的比例較低，越是無法注重教育的家庭、如單親弱勢家庭，意外事故發生率較高。無論家庭或是政府，愈肯於環境安全上投資，意外事故發生率也會降低（陳清芳，2004）。

　　在美國和加拿大的孩童，事故傷害是導致死亡和住院治療的主要原因，根據調查估計每 4 個孩童中就有 1 個有醫治傷害的經驗（Scheidt et al., 1995）。Grossman（2000）估算事故傷亡的比例是每 1 位傷害死亡，就有 18 位住院、233 位送急診室醫療。15 歲以下兒童與青少年，跌倒是住

院或送急診室的主因，幼兒經常從下樓梯、床舖、沙發或稍不注意時從購物車等跌落，而較年長的兒童則是與運動或其他戶外活動有關聯（Rivara et al., 1993）。15~19 歲青少年開始駕車，因此車禍是住院的主因，這些非死亡傷害經常會有長期的結果以及持續降低兒童的生活品質。傷害防治是指傷害的預防、受傷者的即興照顧與復健。傷害的預防就是利用科學的方法去探討傷害的資料和防治的計畫，並利用研究的方法來減少傷害。雖然我們無法避免每一個傷害，但是多數傷害是可以避免甚至控制的。

一、事故傷害的骨牌理論

　　美國學者 Heinrich 於 1957 年以前從事保險業務四十三年的經驗，詳細觀察災害的過程，探索其前因後果，提出事故傷害發生之骨牌理論（Heinrich's Domino Theory），樹立安全管理之學理基礎（張立東等，2004）。Heinrich 於 1957 年提出事故傷害，好像骨牌的傾倒一般，是一連串緊接的事件造成的。而事故傷害之骨牌理論，以發生時間的次序分為五項因素：（1）遺傳與社會環境；（2）人為過失；（3）不安全的行為與不安全的環境；（4）意外事故；（5）傷害，此五項事故傷害的因素密切相關，互為因果，只要前一因素傾倒，後者隨之依序倒下（圖 9-1）。這中間的邏輯關係可解釋為：人類遺傳與社會環境不完美，這是難以改變的；而人非聖賢，孰能無過，人有過失後，必然會造成不安全的行為與環境，於是緊接著便難逃發生意外事故及傷害的命運了，這清楚地說明了目前社會事故傷害不斷發生的原因。

　　然而事故傷害之骨牌效應並非是無解的難題，Heinrich（1959）發現事故傷害發生的原因，有 88% 來自不安全的行為，有 10% 來自不安全的環境，只有 2% 屬於無法避免的危險，因此主張防阻方法應從「不安全的行為與不安全的環境」著手，如從一連串骨牌中抽出一張，使傾倒的骨牌中斷，便不致發生連鎖反應而造成事故傷害（圖 9-2）。

圖 9-1　骨牌連鎖反應圖示

圖 9-2　移去不安全的行為與環境因素

二、4Es 的傷害預防策略

安全管理上所稱之實務方法是指 "4E"，即工程改善（engineering）、立法（enforcement）、教育（education）及熱忱（enthusiasm）。

1. 工程改善係指藉由環境的改善或設計保護裝備等方法，結合工程科技與管理技術，來營造兒童的活動環境，降低傷害的發生，如汽車裝置安全帶、防火避免設備、交通安全防護等，就是最佳例子。針對兒童活動內容潛在的不安全因子，在設計、施工時均能做好完善的考量，避免出現危險因子，造成遺憾。

2. 立法為最具公權力的一種方式，政府訂定相關的安全法令，而園

所、學校即依照既定之安全法令執行工作。執行上另一個重點在於考核，藉由法令制度督促相關單位在安全工作上徹底落實，達到事故傷害的防治目的。

3. 教育係指運用教育的方法，灌輸成人安全的知識與認知，說服那些有危險的個人去改變其行為，對兒童則是加強安全教育，在行為認知上做教導。例如：勸說喝醉的人不要酒後駕車、兒童意外傷害處理、居家安全宣導、認識安全玩具等。

4. 熱忱指執行兒童安全管理的動機。維護兒童安全並非父母或教保人員全部工作，但安全卻是最基礎、最根本的要求，不容在時間或空間上懈怠，因孩子的名字不是明天，而是「今日」！是故，熱忱在事故傷害的預防上是最最重要之事。

第三節　事故傷害的處理

預防勝於治療。事前妥善的防範固然可降低事故傷害的發生機率，但卻不等於不會發生任何事故傷害。尤其在發生事故傷害時，學校或家庭常會出現措手不及的慌亂場面，更因此造成父母或老師無法正確而有效的判斷與處理，反而延誤緊急處理的情況，甚至造成無可彌補的傷害。是故，事先規劃緊急應變措施，絕對有其必要性。

一、事故傷害的緊急處理

根據台灣地區托兒所評鑑報告結果顯示，台灣地區的托兒所設有兒童緊急事故親屬聯絡名冊的，占 73.3%；登錄不全的則占 18.4%；無緊急聯絡電話登錄的則占 3.4%；由立案別的方面來看，公立、私立、村里及示範托兒所設有緊急事故親屬聯絡名冊者約有 70%。在護理人員設置方面，聘有護理人員之托兒所占全台灣地區托兒所的 2.4%；有特約醫療機

構或診所，但未設護理人員的占 33.5%，未設置護理人員且無特約醫療機構者占 60.1%，可見托兒所之護理人員及特約醫療機構仍有待改進，才能維護幼兒安全。在急救箱的藥品評鑑上，台灣地區的托兒所有 42.1% 被評為要品齊全且未有過期；有 39.4% 的托兒所被評為不全或部分過期；只有 11.4% 被評為不全且部分過期（邱志鵬，1996）。Sousa（1982）提出，要預防事故傷害的發生，除了提供安全的環境及給予兒童安全觀念外，幼兒園應該建立一套處立緊急情況的計畫，且此計畫應包括：

1. 全體教職人員均受過救生及急救技術的訓練。
2. 指定人員來協調和指導緊急事件的處理。
3. 每位家長應公開簽署兒童的緊急藥物授權處理同意書。
4. 建立緊急聯絡電話號碼簿，包括家長、醫院、消防隊、救護車、警察局及毒物防治中心等。
5. 方便取得電話。
6. 輸送路線安排。
7. 適宜的急救物品。

鄭英敏（1996）提到學校危機處理流程可分為三個步驟：事前預防、事中處理，以及事後處理。在事前的預防上，著重於危機處理計畫的訂定、危機小組的組成、安全觀念的宣導、器材維修等。在事中處理方面，則以受傷者送醫急救、找出原因、成立危機處理小組、安撫家長和學生，及面對媒體等事項為主。在事後處理方面，則是著重於應變方式的檢討、人員的再訓練、醫療和理賠問題、檢討原因及補救措施等。信誼基金會（1992）則建議，面對兒童事故傷害的緊急應變處理流程有以下五個步驟（圖 9-3）：

1. 迅速判斷並決定應立即採取的正確處理步驟。
2. 立即保護受害者、給予傷者必要的急救或送醫處理、排除傷害的來源及尋求協助或報警處理。
3. 通知家長或相關人員及通報相關單位。
4. 召開緊急會議，研商後續處理事宜，適時成立緊急處理小組及做必

要的公開說明，說明事項如事情的經過、處理態度、處立方式等。

5. 探視並慰問受傷的幼兒，配合有關單位或人員，進行意外事件原因的鑑定、查究疏失責任歸屬、處理理賠及補償事宜、執行必要的復健措施，及展開善後重建工作。

```
┌─────────────────────────────────────────────┐
│ 事故傷害發生                                   │
└─────────────────────────────────────────────┘
                      ↓
┌─────────────────────────────────────────────┐
│ 迅速研判並決定應立即採取之正確處理步驟            │
└─────────────────────────────────────────────┘
                      ↓
┌─────────────────────────────────────────────┐
│ 立即保護受害者                                 │
│ 給予傷者必要的急救或送醫處理                     │
│ 排除傷害之來源                                 │
│ 控制災害狀況                                   │
│ 尋求協助或報案處理                             │
└─────────────────────────────────────────────┘
                      ↓
┌─────────────────────────────────────────────┐
│ 通知家長或相關人員                             │
│ 通報有關單位                                   │
└─────────────────────────────────────────────┘
                      ↓
┌─────────────────────────────────────────────┐
│ 召開緊急會議，以商議後續處理事宜                 │
│ 適時成立危機處理小組                           │
│ 必要的公開說明（說明事項如事情經過、處理態度及處理方式等）│
└─────────────────────────────────────────────┘
                      ↓
┌─────────────────────────────────────────────┐
│ 探視並慰問受傷害當事人                          │
│ 配合有關單位或人員，進行意外事故原因的鑑定        │
│ 查究疏失責任的歸屬                             │
│ 處理理賠及補償事宜                             │
│ 執行必要之復健措施                             │
│ 加強意外事故防範措施                           │
│ 展開善後重建工作                               │
└─────────────────────────────────────────────┘
```

圖 9-3　事故傷害緊急應變的處理流程

二、緊急處理的目標和原則

（一）緊急處理時要注意的目標（于祖英，1997）

1. 以維持發生事故的兒童之生命為優先考量。

2. 防止其傷害的程度更加重。

3. 給予患童適當的心理支持。

4. 經由適當的緊急處理以縮短其復元所需的時間。

（二）施救傷患的過程中，必須謹記「叫叫 CAB 要則」

1. 「叫（檢查意識）」：拍打病患之肩部，以確定傷患有無意識。

2. 「叫（求救）」：快找人幫忙，打 119，如果附近有市內電話，請優先使用市內電話，因為 119 勤務中心可顯示來電地址，有利於迅速救援（若有以下 4 種情形，如現場只有 1 人，先 CPR 2 分鐘再去求救：①小於八歲兒童②溺水③創傷④藥物過量）。

3. 「C」= Compression：CPR 的第一個步驟是胸部按壓，速度要快，每分鐘至少按壓 100 次，下壓深度至少 5 公分。口訣：用力壓、快快壓、胸回彈、莫中斷。胸部按壓可以使血液流動到腦、肺、冠狀動脈和其他重要器官。（30 次胸部按壓後施行 2 次人工呼吸，也就是 30：2）。做了 5 個循環的 CPR（約 2 分鐘）後，檢查若無脈搏，則從胸部按壓開始；若檢查有脈搏，但無呼吸，則繼續給人工呼吸。盡量避免中斷胸部按壓，嘗試將中斷時間限制為不超過 10 秒。

4. 「A」=Airway：暢通呼吸道，壓舌抬下巴或壓額抬下巴。CPR 的第二個步驟就是打開呼吸道，在無意識的病人，舌底部和會厭是堵住呼吸道最常見的原因，因為舌底和會厭是附著在下顎。所以只要壓額抬下巴，就可以把呼吸道打開。如果懷疑病患有頸椎受傷，第一次先以提下顎法把呼吸道打開，如果有困難才可以用壓舌抬下巴或壓額抬下巴法。除了以「看、聽、感覺」檢查外，還須注意有無正常呼吸。

5. 「B」=Breathing：檢查呼吸，沒有呼吸，一律吹 2 口氣，每一口氣時間為 1 秒。當呼吸停止，無氧氣的來源，因身體儲存的氧氣不多，故心臟很快就會停止。口對口人工呼吸是最簡便的方法讓病人獲得氧氣，人工呼吸要一直做到病人能自己呼吸或有專業人員來接手。操作者吹氣前不用先深吸一口氣，僅需能在進行吹氣時讓患者

胸部有鼓起，不論對象一律吹2口氣，每口氣吹氣時間為1秒。吹第一口氣若無法造成胸部起伏；應再重新操作壓舌抬下巴或壓額抬下巴再試吹第二次，第二次吹氣仍失敗時，應繼續胸外按壓，唯須注意每次的人工呼吸前都須要檢查口腔中有無異物，或可見異物將其取出。

（三）緊急處理時除了注意「叫叫CAB要則」外，還須要把握以下幾個原則

1. 保持冷靜、控制情緒。
2. 臨危應變，運用智慧。
3. 維持秩序，指揮協調。
4. 爭取時效，動作迅速。
5. 審慎判斷事故傷害的部位與程度。
6. 若有嚴重的出血時，應立刻進行止血。
7. 注意患童的保護以防止休克。

三、兒童常見事故傷害的處理

除了上述的原則外，以下則針對兒童常見的事故傷害分別提出說明，並列舉更具體的處理原則。

（一）外傷

跌倒的傷害可大可小，但切記不可因小傷而忽視，應先行做簡易的治療，嚴重者更應立即送醫處理，兒童發生跌倒、割傷、刺傷、夾傷時，較常見的傷害為出血或骨折，其處理措施如下：

1. 出血：擦傷、刺傷、割傷、摔傷等都可能會以引起出血，依出血的程度，可分為三種：動脈出血、靜脈出血及微血管出血。

   （1）首先，先辨別是動脈出血、靜脈出血或微血管出血。動脈出血

　　的血色鮮紅，常隨心跳次數呈連續噴射狀大量湧出，不易止血；靜脈出血的血色暗紅，血流緩慢，較易止血；微血管出血的血色赤紅，呈點狀少量出血，正常人很快便會自動凝固而止血。

（2）可採用直接加壓止血法、抬高出血部位止血法、止血點止血法、冷敷止血法、止血帶止血法等方法處理，嚴重者應盡速送醫急救。

2. 骨折

（1）盡量保持患童舒適，並且穩定其情緒。

（2）動作須敏捷而輕微，使患者安靜保暖，以免引起休克。

（3）疑似骨折時，以骨折處理，不可隨意移動。

（4）移動患者時須支托骨折肢體上、下關節，並避免旋轉，造成其他傷害。

（5）選取長度適合夾板，固定傷處以後，方可移動或輸送。

（6）開放性骨折傷口，用清潔紗布覆蓋，以避免深部組織受汙染，勿企圖將突出於皮膚的骨頭推回。

（7）患者衣物除去時，應先脫腱肢再脫患肢，必要時可將創傷處之衣物剪開。

（8）處理骨折前應先處理呼吸困難、大量出血或意識喪失等情況。

（9）在不影響骨骼排列序位的情況下，將患肢抬高，可有利於血液回流，減輕腫脹，並且又可控制出血。

（10）盡速送醫處理。

（二）燒燙傷

燒燙傷的急救方式如下：

1. 緊急處理原則

　　3B：Burning Stopped（停止燒傷的進行）、Breathing Maintained（維持呼吸）、Body Examined（檢查傷勢）。

　　3C：Cool（冷卻）、Cover（覆蓋）、Carry（送醫）。

2. 急救步驟

　　沖：以流動的冷水沖洗傷口 15~30 分鐘，有除熱及止痛效果。

　　脫：於水中小心脫去衣物。

　　泡：用冷水浸泡 30 分鐘。

　　蓋：覆蓋乾淨的紗布。

　　送：趕緊送醫急救。

3. 處理過程應注意事項

　（1）不要使用黏性的敷料。

　（2）不要在傷處塗敷牙膏、醬油或其他外用藥粉或軟膏，以免傷口感染。

　（3）不要弄破水泡，以免感染化膿延後癒合。

（三）窒息

　　兒童發生窒息時的急救方式如下：

1. 嬰幼兒窒息時首先除去窒息的原因，如繩索、塑膠袋或口中的異物。可先試著讓兒童保持鎮定，以咳嗽的方法用力咳出。

2. 將兒童倒提，或施救者採坐姿而讓兒童趴於施救者膝上，頭部朝下，於兩肩胛骨間連續五次的後背拍擊，利用震動的原理將堵塞物排除。

3. 若異物仍無法排除，則進行哈姆立克（Heimlich）法，將兒童平放，用單手掌根（對嬰兒則為食指與中指）置其肚臍與胸骨中間，在快速的向上向前推擠。

4. 若為學齡期兒童，則可讓兒童坐於施救者的膝上，施救者單手繞至兒童腹部，握拳（拇指向內）置於腹部中央，另一手支撐其背部，而後握拳的手快速向內向上推擠。

5. 若異物為尖銳物或不明物品，不可給予服用瀉藥或其他食物，應立即送醫急救。

（四）咬傷

當兒童被動物或昆蟲咬傷時，處理方法如下：

1. 一般動物咬傷的處理：
   （1）靠近臉及頸部被咬傷應立即送醫治療。
   （2）以清水洗滌傷口，沖掉動物唾液，再用中性清潔液徹底洗淨傷口，並用敷料包紮好，再送醫治療。
   （3）除非必要，否則不要殺死咬人的動物，以備檢查之用。
2. 蜂類螫傷之處理：以消毒過的針或小刀挑出螫刺後，清洗傷口，並在傷處冷敷以減輕疼痛並盡快送醫治療。
3. 蜈蚣及蜘蛛類咬傷之處理：在傷口上方紮上壓縮帶，冷敷受傷部位20分鐘，必須使受傷部位低於身體其他部位，讓兒童保持舒適、靜躺並注意保暖，盡速送醫治療。

（五）中毒

學齡前兒童是最有可能造成嚴重中毒的年齡層，中毒時的處理方式如下：

1. 消化道中毒之處理
   （1）應盡可能讓兒童喝大量的水（1~5歲約250~500cc，5歲以上則約500~700cc）來沖淡毒物，或喝大量牛奶以保護消化系統及降低毒物被吸收的速度。
   （2）催吐（若是酸鹼性毒物則不可催吐）。
   （3）維持呼吸道通暢，必要時給予人工呼吸或心肺復甦術。
   （4）盡快送醫治療，並將裝置毒物之容器、標籤及嘔吐物一併帶去。
2. 呼吸道中毒之處理
   （1）施救者先要確定自己的安全措施，如攜帶氧氣罩或暫時閉住呼吸。
   （2）立即將漏毒氣的裝置關閉。

（3）採低姿勢將中毒者移至空氣流通處。

（4）維持呼吸道通暢，必要時給予人工呼吸。

（5）保暖。

（6）避免患童掙扎或走動，以降低血液循環的迅速。

（7）盡快送醫治療。

3. 皮膚性中毒之處理

（1）先以中性肥皂清洗的順序清洗兩次以上，直到清潔為止。

（2）協助脫去沾有毒劑的衣物，以免中毒情形加劇。

（3）若皮膚上有傷口，可用清潔紗布覆蓋。

（4）盡速送醫。

4. 要避免中毒問題的發生，平時應做好預防的措施

（1）所有藥物應由合格醫師處方，任何用藥問題，應向醫師或藥師詢。

（2）藥物之存放應慎重，放在兒童不易拿到之處，最好儲存在防止兒童開啟的安全包裝容器中，同時不可與食物共同放在冰箱內。

（3）各種肉類製品烹調時要充分煮熟。

（4）各種食物均應儲存妥善，並消除環境中傳播病原的昆蟲。

（5）充實有關預防中毒的知識，如瓦斯的安全使用方法。

（六）溺水

兒童發生溺水時的急救方式：

1. 將溺水者救離水面。

2. 脫掉兒童濕衣服，並加蓋被服保暖。

3. 檢查口鼻中是否有異物，並用手掏出。

4. 將嬰幼兒以頭低腳高的方式倒提，輕拍其背部，使其吐出喝入的水。

5. 若為兒童時，可將兒童俯臥，腹部墊高，頭朝下，再用雙手壓其背

部把水壓出。

6. 若呼吸微弱，要立刻實施口對口人工呼吸；若沒有脈搏或心跳，則立即實施體外心臟按摩，每五次心臟按摩，要做一次口對口人工呼吸。

（七）中暑

中暑時，急救的主要目標是盡快的讓患童體溫降低，但須注意的是當體溫降低至攝氏三八度以下時，要預防寒顫，其處理步驟如下：

1. 迅速將兒童移到陰涼通風處，並鬆開衣服散熱。
2. 用濕毛巾沾水或以海綿沾33%酒精，輕拍患者身體幫助散熱，持續測量患童的體溫變化情形，直至體溫降至攝氏三十八度以下為止。
3. 用電扇或冷氣來調整空氣及環境的溫度。
4. 由下而上朝著心臟部位按摩患者雙腿。
5. 患者若在清醒狀態下，可給予冷開水或其他不具刺激性之冷飲。
6. 保持環境的安靜，不要給患童不必要的刺激。

第四節　安全教育的時機

孩子事故產生除了環境與體系的預防外，最重要還是要教導個人的安全技能。教導的內容要依孩子的年齡階段提供不同的內容及使用不同方法，安全技能的區分是依據一般兒童在不同年齡階段發展的智能與人際關係技能為標準。「智能」是指孩子瞭解語彙、概念及解決問題的能力；「人際關係技能」則是指孩子的社交能力及溝通能力。評量孩子的學習能力時，大人切記：別忘了衡量孩子的社會成熟度。不同年齡階段發展的安全技能應教什麼？三歲以前，基本上是由成人提供安全防護，三歲之後父母則要教導安全技能，以培養培養機警勇敢的孩子。以下將孩子年齡層分為

3~6 歲未到的幼兒期，6~9 歲的小學的中低時期及 10~12 歲的小學的中高時期，分述如下：

一、3~6 歲未到的幼兒期

　　3~6 歲的孩子活在現在及當下，「此時此地」（here and now）才是他們的重心；至於成人們口中的「或許」、「再看看」，他們完全沒興趣，因為那只是「可能」或「即將」來臨的抽象世界的一部分。3~6 歲未到的孩子沒有耐心等待他們想要的東西，因為他們現在沒有能力耐心等待未來的事。準此，大部分可以教 3~6 歲未到的孩子如下的安全技能內容：

　　1. 分辨並說出身體各部位的名稱。

　　2. 分辨「好」與「不好」的撫摸。

　　3. 分辨陌生人與救援人員。

　　4. 熟記姓名、住址與電話號碼。

　　5. 緊急狀況時使用 119 或 110 求救。

　　6. 只能擁抱和親吻家人及朋友。

　　7. 得到允許才可以接受家人以外的人贈送的糖果和禮物。

　　8. 如果有人恐嚇要為他們保守秘密，應該趕快告訴父母。

二、6~9 歲的小學的中低時期

　　6~9 歲的小學的中低年級時期已具備具象邏輯的年齡，父母可以盡量從他們的觀點出發，將安全技能所要傳達的訊息「具體化」，換言之，就是使用簡單的邏輯和孩子的語彙，然後經常檢查他們所理解和誤解的觀念。準此，大部分可以教 6~9 歲的孩子如下的安全技能內容：

　　1. 只能搭經過父母授權者開的車。

　　2. 在特殊情況下使用「暗號」。

　　3. 分辨、信任自己「內在的警訊」並自我保護。

　　4. 安全地與陌生人應對。

　5. 拒絕賄絡誘惑並向父母報告。

　6. 反抗不想要的親密接觸。

　7. 不隱藏秘密。

　8. 拒絕陌生人的求助。

　9. 順從警察或警衛的命令之前，應先確認其身分。

　10. 身陷危險時，運用「叫、跑、說」的安全技能。

三、10~12 歲的小學的中高時期

　　在進行這一時期的安全技能前，父母應先複習孩子前兩時期應該學會的安全技能。這個階段的孩子在生理上的差異愈來愈明顯，有些孩子也可能進入青春期，有些尚未，而女孩子的發展則比男孩子來得快。這時期教育的終極目標是教導他們所有必要的訊息和安全技能，一方面幫助孩子自立生活，另一方面要教導自我肯定與自我防衛技能。準此，大部分可以教10~12 歲的孩子如下的安全技能內容：

　1. 加強「成人與小孩子發生性關係是不對的行為」的觀念。

　2. 提供機會讓孩子培養解決問題和決定的能力，並從旁督導。孩子判斷正確時應予以鼓勵。

　3. 透過團體和其他半獨立的活動，督導孩子培養獨立自主的能力和成熟度。

　4. 準備一套辨識裝備，包括孩子的近照。

　5. 教孩子如何應付馬路犯罪，並評鑑附近可以利用的自衛工作室或自衛課程。

　6. 教孩子，如果有人威脅或要他保密時，應該馬上來告訴你，向他保證，這麼做不會得到任何懲罰。

　7. 強調學習及運用街上防身術是獨立自主的權力和責任。

　8. 提醒孩子要運用所學的安全技能。

專業人員皆知道：孩子在「完成準備活動時」，才能學習新訊息與新技能。換言之，學習的時間要依孩子的理解能力來決定。不管你的看法如何，必須由孩子的能力來引導你的教導內容。因此，在開始教個人安全技能之前，應該先問自己：「孩子能理解哪些詞彙和觀念？」、「孩子能學習並記住哪些東西？」除此之外，成人也要有觀察孩子行為的能力，以確定孩子真正瞭解你所教導的訊息。為了要確信孩子掌握了你所教導的訊息，成人可利用下列五個步驟來加以確認：一、保護；二、準備；三、練習；四、提醒；五、預習。

一、保護

在我們生活常見的例子：有一陌生人在你逛街購物時，對你孩子讚美有加，另一方面用他的手觸摸他的臉龐，說著：「你好可愛哦！」你會如何處理？

讓我們從上列確認原則來看你的孩子是否有安全技能。第一從保護開始，這個動作或狀況可能很平常，你也可能覺得這沒有什麼大害，可能你會允許這樣的行為，或許你也會做出如此的動作。但這是不允許的行為，因為對孩子而言，這是很重要的身教作用。相對地，你應對陌生人說：我知道你不會對孩子有所傷害，但請你不要對我的孩子如此做！

上列的訊息很重要，除了掌握機會教育的原則之外，對孩子亦是很重要的示範（modeling）作用。告訴孩子要從小提防，即使陌生人對你是善意的接觸，你也要小心。「沒有人可以觸摸你，即使是善意的觸摸」，這是一個從小就要開始的機會教育。當然，我們也要讓孩子知道且辨別誰可以觸摸他，例如父母、親戚、愛他的人；同時也要教育孩子，陌生人是要防範的，但不認識的人（或突然表示對你有好感的人）不全然都是妖魔鬼怪。保護孩子最重要的是，讓孩子擁有具體的技能，使他們擁有具體應對的能力。

二、準備

　　其次，我們要依循準備原則，為孩子準備新的訊息與技能，是要適合孩子的年齡與階段，並具體為孩子準備及提供訊息與技巧，以便下個層次的具體瞭解及練習。Bredekamp 及 Copple（1997）提醒身為一個專業幼教人員必須要符合三項基本知識：適才、適齡和適性的知能。這三項重要的知識為：(1) 兒童發展與學習的知識；(2) 老師對每個孩子的瞭解；(3) 孩子所處的社會與文化，這是很重要的教育原則。換言之，專業老師要能理解孩子的能力，以決定教導之時刻及內容，這些原則又稱為適齡實務（Developmentally Appropriate Practice, DAP）、適性實務（Sexually Appropriate Practice, SAP）及適文化實務（Culturally Appropriate Practice, CAP）。

　　符合孩子身心發展的專業幼教是以幼兒發展及學習方面的知識為知識。Katz（1995）曾描述：「在設計符合發展需要的課程內容時，我們必須決定他們該學什麼，以及什麼方式才是最好的教學方式。但是在做這些決定前，我們要先瞭解兩件事：一是孩子的發展現況，二是早期生活經驗對孩子後續發展的影響。」因此，所有幼教專業人員都必須瞭解孩子在零至八歲之間（甚至八歲以上）的發展變化、發展差異，以及如何幫助這年齡層孩子學習及發展，如此一來，專業人員才能在教學過程中順利教導或勝任撫育孩子的工作。而家長呢？可能沒有受過專業訓練，但至少可以從坊間購買相關兒童發展的書籍，或利用網路、電視傳媒吸收相關知識，此外社區大學或空中大學也有提供相關的課程。

　　美國幼教協會（National Association for the Education of Young Children, NAEYC）針對兒童適齡實務提出十二項經驗法則（引自 Bredekamp & Copple, 1997），臚列如下：

1. 孩子各發展領域之間（身體、社會、情緒及認知）的成長息息相關；不同領域的發展會相互影響。
2. 兒童的發展通常是循序漸進，所有的能力、技巧及發展的知識都

必須以現有的發展為基石，一步步累積而成。

3. 兒童的發展速度因人而異，而且每個孩子本身在各個領域的發展狀況也互有不同。

4. 早期的經驗對兒童發展的影響短期內或許不明顯，但長期而言，其影響力會隨著時間的累積而愈趨明顯；某些形態的發展與學習是有其敏感期，或稱可教育之黃金期（educable period）。

5. 孩子的發展會愈來愈複雜化、系統化與內在化。

6. 孩子的發展與學習會受到許多社會習慣與文化內容的影響。

7. 孩子是主動的學習者；他們直接從生理及社會經驗（physical and social experience），以及由文化傳承的知識中，建構他們對周遭世界的瞭解。

8. 發展與學習受到先天遺傳與後天環境（包括物質和社會環境）之交互影響。

9. 遊戲是孩子發展社會、情緒及認知能力的重要媒介（medium），也是反映其發展狀況之鏡子，更是增強兒童發展的工具。

10.在能力有新的進展時，孩子如果有許多重複演練的機會，並且成功挑戰能力極限時，孩子的成長就會更上一層樓（也就是熟能生巧）。

11.孩子有不同的認知與學習方式，也會用不同的方式表達其認知與理解。

12.處於安全及受重視的群體環境中，孩子才能獲得更佳的發展與學習，因為只有在如此的環境中，他們的生理需求才能被滿足，心理才有安全感。

此外，專業幼教的落實也要依循以下五個原則（Bredekamp & Copple, 1997）：

1. 創造一個充滿關懷的學習環境。

2. 注重孩子的發展與學習。

3. 設計合適的教材。

4. 評量孩子的發展與學習。

5. 與孩子的家庭建立雙向的溝通關係。

　　Piaget 自我建構之認知理論，對幼兒托育及臨床工作者在處理兒童問題方面有重大影響，其影響不僅是在問題診斷與評估方面，也包括提供適當處遇模式之選擇。過去對兒童性虐待預防方案大都遵照成人被強暴預防計畫所訂定的原則，並輔以充權（empowerment）為主軸，結合「好與不好的觸摸」（good and bad touches）的指標，但這些方案並不適合學齡前兒童，也不契合這些兒童的發展能力。因此後進之社工實務計畫以兒童發展為背景，發展出契合兒童認知發展的方案，這也是應用 Piaget 的主張，所以說來，適齡、適性的兒童處遇方案也是教育者和臨床工作者所恪遵的準則。除了教育與兒童保護方案之外，實務工作者也常有機會面對兒童的後創傷症候群（Post-Traumatic Stress Disorder, PTSD）所引起的複雜情緒和創傷事件。例如：1995 年美國奧克拉荷馬市行政大樓爆炸事件、1985 年美國哥倫比亞太空梭爆炸事件、台灣健康幼稚園的火燒車事件、某國中參加畢業旅行的車禍事件等，當臨床工作人員（包括諮商、輔導或社會工作人員）為父母提供如何向孩子解釋這些恐怖事件的諮詢服務時，Piaget 的認知取向理論遂成為適齡實務工作的最佳指引，也使實務工作者特別注意到孩童的認知能力，以設計適宜的處遇方案。

三、練習

　　第三個步驟是練習，想想當別人告訴你，你只要閉住呼吸，兩手往前，兩腳一蹬，練習划水，然後你可跳下海邊，你就能學會游泳的技巧。結果，你還是不會，還可能會沉到海底，為什麼呢？因為光說不練，這是無效的。缺乏練習的教育，口說無憑，孩子永遠學不會安全技能。再想想看，成人告訴孩子：穿好鞋、刷好牙，然後走到對街上，試著與人相處，這樣，孩子就會有安全技能。這是不可能的。因為孩子缺乏監督的練習，安全不是口號而已，需要實務演練的機會，並確實掌握孩子擁有此項技能。

四、提醒

第四個步驟是提醒，提醒不是僅告訴孩子「不准做這，不准做那」，而是不斷提醒孩子你應該要做（已確信他會做）的事。例如，當孩子出門時，成人應對孩子說：記住你的安全技巧哦！當然孩子會回答我已長大了。這種提醒是讓孩子能為自己負責，做正確的判斷以及獨立自主，但是要有所監督的。

五、預習

最後一個步驟是預習，預習是預做準備。當孩子在游泳池游泳沒有問題，但換到海邊可不一樣。當然，我們可以告訴孩子：你的游泳技術不錯，可以在游泳池裡很自如，但在海邊游泳與在游泳池有很大不同，我要你記得，在海邊游泳與在游泳池有哪些狀況不同，如此一來，孩子才能思考及準備應付新的狀況。

死亡的人數只顯示了冰山一角，若同時檢視兒童因事故傷害就醫的健保資料，就會發現每年因事故傷害住院兒童人數是死亡數的數十倍，而因事故傷害急診治療的兒童人數，更是死亡數的數百倍。Grossman（2000）估算事故傷亡的比例是每 1 位傷害死亡，就有 18 位住院、233 位送急診室醫療。事故傷害的發生不外乎人、環境與情境，傷害類別也跟人與環境有關，透過 108 年台北市各局處（衛生局、教育局、消防局）的事故傷害實徵資料及衛福部兒童保護次級資料分析顯現，台北市兒童少年事故傷害，從嬰兒到青少年無所不見，發生地點從家庭、幼兒園、社區公園、學校到社會無所不在。換言之，個體的行為深受環境中任何一個環節（系統）所衝擊，環境中之家庭、學校、社區與文化皆息息相關。兒童少年事故傷害的原因肇始最可由生態環境論所解釋。生態環境論（ecological environment theory）認為，兒童係受周遭的環境系統所影響，此理論被應用到兒童保育及兒童福利。生態環境理論由 Urie Bronfenbrenner（1917-2005）所倡

導，相對於個體之成熟論，他認為人類發展的多重生態環境，是瞭解活生生的、成長中的個體如何與環境產生互動關係，他將環境依兒童與人的空間和社會距離，分為微視、中間、外部、鉅視和年代等系統。兒童被置於核心，受其個人的原生能力及生物基因所影響，日後並受環境互動中所形成的個人經驗及認知之微視系統（microsystem）所影響；而與個體最密切的家庭或重要他人，如照顧者或保母等因與個人互動最直接、頻繁，影響最直接、也最大。中間系統（mesosystem）是各微視系統（如家庭、親戚、同儕、托育機構、學校、宗教機構等）之間的互動關係，兒童最早的發展即是透過與這些微視系統所組成之居間系統的接觸，達成社會化，進而瞭解最早的周遭環境。外部系統（exosystem）是指社會情境直接影響其中間系統的運作，間接影響兒童的發展，例如父母的工作情境、學校的行政體系、政府的運作、社會制度或民間團體等。最後的系統是鉅視系統（macrosystem），直接受到各個社會文化的意識型態和制度模式所影響，例如社會文化、社會意識型態和價值觀，直接影響外部系統、中間系統及微視系統的運作，再間接影響個體的發展。年代系統（chronologicalsystem）是受不同世代在社會變遷下對個體所形成的態度與價值，例如一百年前與當代的愛情觀、養育子女觀、學校體制等皆有很大的差異。Bronfenbrenner的理論認為，人類發展最重要的本質是透過與環境互動增加個體適應社會之能力。兒童因成熟性不夠，受微視系統影響最大，隨著年齡的成長，微視系統會擴大，個體可從家庭、托育機構、學校、社區或宗教組織，甚至擴大到個人生活圈與同儕接觸，乃至與多媒體接觸之影響。生態環境論著重個體對於周遭環境的詮釋，以及這些詮釋是如何改變的。所以兒童少年事故傷害預防工作者在解釋個體行為時，必須先瞭解個體身處情境中的知覺，才能對個體的行為有所體認。而個體的行為深受環境中任何一個環節（系統）所衝擊，環境中之家庭、學校、社區與文化皆息息相關，惟有透過正面地影響個體身處的社區及社會的改善，並透過這些環境的支持與協助，才能改善不好的發展因素，促進個體的正向發展（郭靜晃，2016）。

　　生態環境論模式之核心焦點是探討個體、家庭及團體的轉捩問題。一

且這些問題及需求被鑑定出來，助人服務處遇便隨之而出，以幫助個體、家庭及團體解決轉捩點的問題及迎合個體之需求。生態模式不僅關注家庭與團體之適應不良的人際問題與需求，同時也探討家庭與團體之間的適應不良之溝通過程及失功能的關係模式，例如人際衝突、權力鬥爭、雙重束縛、溝通扭曲、代罪羔羊及歧視。生態模式尋求辨別這些失功能和這些不良行為之阻礙，並嘗試應用資源及支持系統以產生最佳處遇策略。

　　在台北市的各類事故傷害中，年齡也是一個重要預測因子。道路交通事故是造成一歲以上兒童死亡的主要事故傷害類別，未滿一歲的嬰兒則以哽塞窒息死亡者最多；跌倒墜落雖不是兒童死亡主要傷害事故，卻是造成0~12歲兒童受傷住院的主要原因。此外，溺水和燒燙傷造成的死亡及中毒造成的住院，也不在少數。交通事故當然是發生在交通環境中，溺水事故主要發生在水域，哽塞窒息、跌倒墜落、燒燙傷及中毒事件，則多發生在居家與托育場所，其中，跌倒墜落也常見於兒童遊戲場。不同年齡層發生的事故傷害類型不同，這是因為各年齡層的發展成熟度、判斷力與接觸環境不同所致，例如，年紀較小的兒童發生誤食藥品與異物的機率較高，年齡較大的兒童則較常發生跌傷。15歲以下兒童與青少年，跌倒是住院或送急診室的主因，幼兒經常從下樓梯、床舖、沙發或稍不注意時從購物車等跌落，而較年長的兒童則是與運動或其他戶外活動有關聯。15~19歲青少年開始駕車，因此車禍是住院的主因，這些非死亡傷害經常會有長期的結果以及持續降低兒童的生活品質。值得一提的是，縱使從意外事故創傷中倖存了下來，但創傷後期所引發的生、心理變化，卻也不容忽視；約10%~35%遭逢創傷兒童會發展成創傷後症候群，嚴重干擾兒童的心理社會、認知發展，甚至是身體健康，影響程度從輕微到極嚴重都有可能發生，持續時間短則數月，長則達數年之久；而且，遭受創傷的兒童可能會拒絕或否認跟創傷有關的任一經驗。害怕、憂鬱、罪惡感、逃避、憤怒、睡眠障礙、惡夢、怕黑、缺乏安全感、焦慮、緊張等，有些兒童則可能發展成身心失調症狀。一旦兒童出現創傷後症候群，首要營造一個穩定、安全的環境，避免讓兒童孤單，一方面保護兒童安全，另一方面也是給予兒

童安全的心理支持（財團法人國家衛生研究院，2019）。

　　為響應世界衛生組織（WHO）發表的「道安十年」計畫，世界各國均訂定道安工作努力的願景與目標，例如瑞典願景為「Vision Zero」；澳洲的願景為「零死亡及降低重傷人數」；加拿大希望擁有世界上最安全的道路；日本期待最終實現無任何交通意外。無論願景為何，都是以逐年降低道路事故死亡或受傷數為目標義務，台灣亦不例外。台灣道安扎根計畫之對策，初步已針對高風險族群納入監理、教育宣導、工程及執法等相關技術面措施，而安全成果之達成，則需透過組織面，如投入更多資源、中央與地方政府共同承擔事故傷亡降低之目標管理、各地方政府之安全績效揭露等方式，以落實技術面措施，如此道安扎根計畫才得以深化。

　　兒童是國家未來主人翁，鑑於事故傷害是台灣兒童長期以來最重要的死亡與身體損傷原因，居家環境是兒童、尤其是嬰幼兒發生事故傷害的主要場所；因此，早在 1997 年衛生署保健處即已委託學者協助編製《幼兒居家安全手冊》，並透過地方衛生單位向有嬰幼兒家戶宣導居家安全觀念與作為。20 年來，事故傷害所造成的兒童死亡雖已減少許多，但仍舊是排名第一的死因。台灣事故傷害預防與安全促進學會為推動安全社區計畫，從全台十多家醫院急診室收集受傷送醫者詳細事故外因資料，每年定期分析結果顯示，六歲以下兒童受傷事故，50% 以上發生在居家場所，顯然兒童的居家事故傷害防制未來仍是保護兒童的重點。環境因素容易發生事故傷害之原因，包括設計者缺乏安全方面考量、管理者缺乏安全觀念；環境的規劃、設計不當，使用材料不妥或材質不良；設備簡陋且安全度不夠；各項設施的維修、保養不足或違規使用；危險物品收藏不當。這些傷害事故超過 50% 發生在家裡，六歲以下兒童更有高達 75% 是在家裡受傷。六歲以下兒童最容易發生意外中毒，臨床毒藥物諮詢中心分析 20 年超過二萬名六歲以下兒童中毒案例，依序以藥物、物質材料、環境用藥、美容化妝用品及個人清潔用品、家庭清潔用品。誤食中毒事件亦常發生在六歲以下孩童，尤其口腔期階段的小寶寶，會藉由刺激嘴巴、口腔和舌頭來得到本能滿足。另外，統計發現最常發生意外中毒的地方是在家中。任

何東西都有可能造成兒童誤食，包括降血壓、降血糖藥物、維他命藥片、藥水等藥物，細小物品如玩具零件、鈕扣、電池、紅豆、綠豆、花生、迴紋針、硬幣及清潔劑、殺蟲劑、甚至有毒植物與端午節包粽子的強鹼水等（財團法人國家衛生研究院，2019）。行政院主計總處（2017）「婦女婚育與就業調查報告」暨衛福部（2016）「104年兒童及少年生活狀況調查報告」等資料顯示，從出生至入國民小學前，嬰幼兒送托至托嬰中心、幼兒園等日間機構式托育照顧比例約43%，人數約達51萬5,000人。當家長需將稚齡子女送托至團體照顧的托嬰中心、幼兒園等教保托育機構時，嬰幼兒必須適應與家庭環境截然不同的日常生活場域。群體生活中容易因嬰幼兒間互動及教玩具設施使用，而產生跌、撞、墜、夾、推、擠、咬等情境；且幼兒因發展未臻成熟，對周遭環境的判斷力與應變能力不足，容易遊離、情緒不穩定、尚待建立遵守規範能力及表達與自我保護能力低的發展階段特性，在認知不足、技能不足與行為不當等因素下，成為最容易發生事故傷害的高風險群體。

　　財團法人國家衛生研究院2019年受衛福部委託研究近年來國內的兒少事故傷害與死亡事件現況檢討原因（財團法人國家衛生研究院，2019），整理大抵如下：

一、照顧者疏忽因素仍為主因

　　學前幼童因身心發展未臻成熟，強烈依賴照顧者提供保護。當師生比過高、老師人力緊張，托育人員身心狀況欠佳、體力不足、情緒欠穩、欠缺照顧知能與方法，或是高估嬰幼兒生理成熟能力而疏於安全防範，又低估嬰幼兒模仿學習力，不良身教示範又潛移默化嬰幼兒的模仿學習行為；例如托嬰中心每名托育人員配比照顧五名二歲以下嬰幼兒，整日工作下來，疲憊可見；或是於玩具教具豐富的托育資源中心，常見家長照顧者自顧滑手機，或以通訊軟體聊天，將公共場域當成自家休閒遊戲場，疏於

對嬰幼兒的照顧，致發生嬰幼兒碰撞、跌、夾、壓意外。當兒童身體狀況好時，容易好動，發生事故機率較高；而當兒童處於飢餓、疲倦，或身體不適時，也較容易發生意外。兒童的情緒發展未臻成熟，較容易衝動、不穩定及情緒化，如果未獲得適當紓解或安撫，則容易發生魯莽行為造成意外，有時可能傷及性命。

二、環境與情境疏失因素

　　流行病學的資料指出大多數的兒童傷害發生的地點是在家中及其附近（Shannon, Brashaw, Lewis, & Feldman, 1992），最常發生的傷害種類是步行的傷害（pedestrian injuries）、溺水、燒傷（burns）、幼兒學步傷害（infant walker injuries）、中毒（poisonings）等例子。在幼兒傷害方面，許多成人的照護者相信輕傷害是疏忽或不注意幼童行為所造成的自然結果，進而會認為傷害是受害者的錯誤，並指出其原因是不當的或笨拙的行為所造成（Lewis et al., 2004）。然而監督與傷害之間的關係以及監督做為傷害的風險或保護因素的程度為何都值得加以探究。環境常被稱之為教保托育機構的第二個老師，教保托育機構室內外情境，有各式遊具、家具與教材工具等。當空間不足，未能規劃與保持安全間距，致使嬰幼兒動線不佳，以及設施設備老舊、不合安全規範，或疏於維護等因素，嬰幼兒跌、割刺、撞、夾、壓（砸）等情況當然升高。台灣交通還以騎機車為方便的交通工具為主，父母載幼兒及少年自駕及被載常造成交通事故後的兒少創傷。

三、兒童安全教材與養成教育不足因素

　　幼兒長時間接觸傳播媒體，如卡通場景的大力打鬧嬉戲等不當示範，因辨識力不足，於真實生活中常會照劇情演出，因此從高處跳下、大力揮舞物品，造成對自己或對他人輕重不一的事故傷害。加上學校重視升學主義，輕忽重要的兒童安全教育與生命教育，社會輕忽路權與生命安全等也是造成道安事件頻繁，亦造成兒少生命喪失及傷害。

　　孩子的名字叫「今天」，血在生、骨在長，童年與生命不能重來。兒童的傷害事故不僅造成孩子的生理傷害，更進一步造成日後心理陰影與影響。保護孩子維護其生命及權益是成人、社會與政府的責任，兒童保護的積極性及維護孩子的最佳利益更是社會的重要工程。今日不做明日一定會後悔。從零整遊戲理論（Zero-Sum Game）的博弈觀點，在此種遊戲當中，當一方損失另一方才能獲得。當事故傷害發生是孩子的損失那就變成政府的獲得（沒有作為），如果政府有所作為當作損失，那孩子的健康及家庭的幸福就是一種獲得。

　　當事故傷害形成一個社會問題時，政府提供一個欲解決的方案與策略來形成政策，而政策更要透過立法以建立行政與制度，進一步才能依法行政開展日後的福利服務。

　　從生態理論觀點，孩子與環境的互動過程造成孩子日後行為結果，而孩子會因年齡在社會環境的接觸而有所不同，0~6 歲最重要發生的場域是在家庭、托育機構及鄰里；學齡兒童 6~12 歲事故常發生在家庭、學校與街道；少年 12~18 歲常發生的傷害因子是以交通——騎車為主，所以政府因應策略要掌握家庭的脆弱因子及不當照顧、學校鄰里、遊戲場域設施的安全與社會的零道安的交通問題。

第五節　兒童及少年事故傷害防治之對應政策及措施

　　財團法人國家衛生研究院 2019 年受衛福部委託研究近年來國內的兒少事故傷害與死亡事件現況檢討原因（財團法人國家衛生研究院，2019），提出台灣 2030 的安全政策，分述如下：

一、安全教育面

（一）養成兒童良好安全習慣

　　依據年齡認知能力，托嬰中心或三歲前以消極禁止或阻擋不當行為產

生，著重安全環境設施檢查與保護措施；幼兒園或三歲後，則以積極教育方法，以具體化的故事角色扮演，由淺入深步驟化說明；同時，以日常接觸社會新聞實例，融入生活化教育情境中，配合教學主題，強化幼兒安全認知，加入安全生活的技巧與訓練。

（二）建立判斷危險環境的能力

事前預防，尤重於事後補救或治療。學前托育機構需要有效、長期、系統性的規劃安全教材與實施教育，引導嬰幼兒認識安全知識，建立安全生活習慣和態度及培養安全技術能力。安全教材與實施更要以適齡、適性的方式進行。0~6歲幼兒要以家庭及托嬰和幼兒園為主，並要加強親師合作的親職教育；6~12歲則以學校的安全教育及監督兒童所使用的遊具安全；青少年要強調生命教育和交通安全教育。

（三）提供充裕的肢體動作學習

身心發展的成熟有個別差異與先天遺傳特質，若干精細能力或認知，必須等待個體成熟後才能發展。然而，日漸狹隘的都市環境，宅家長或深怕戶外場域危險性風險的照顧者，終日將嬰幼兒禁閉於小空間，缺乏大小肌肉與身體動作能力運作機會，導致自我防護與應變能力趨弱。經驗累積的學習，需要練習，並逐漸產生行為的改變，例如騎腳踏車、玩滑板、有效掌握身體抓握、攀爬，都需要大量練習機會，以促進個體能更加成熟。

二、成人照護面

（一）強化事故傷害防制意識

嬰幼兒本身具有粗心、好動、愛冒險、好奇等特質，再加上身體動作控制尚未全然成熟，其對危險認知能力也較不足，若外在環境未能加以防護，或照顧者有所疏忽，可能在遊戲或活動進行過程中造成傷害，因此，應建立成人正確安全教養知能，強化防制事故傷害意識，落實對嬰幼兒的

安全指引與標準。透過定期評估防制措施，委請專家在學者收集資料，進行疏於嬰幼兒照顧的研究，瞭解防制事故傷害知能與行為缺失，確保照顧者對於環境安全敏感度。其次，研發虛擬實境軟體，以各類教保機構、生活環境動態情境做為模擬訓練；或以體驗式學習結合闖關遊戲及定期舉行CPR 教學等，以降低事故傷害發生。父母應以鼓勵性的方式，在日常生活中教導孩子安全的簡易實用的課程，使你的「乖」小孩變成「安全」的孩子；學習如何教孩子安全技能知識，給與孩子安全訊息，讓你的孩子成為機警勇敢的孩子。

（二）提升因應事故傷害處理能力

　　依賴性與模仿性是稚齡兒童的兩大特性，學前嬰幼兒完全依賴成人的照顧與保護，更以成人為其模仿學習對象；因此，成人的事故傷害防制措施，不足以達到兒童事故傷害防制目標。降低傷害發生機率，除了潛在有害的防制之外，事故急救更是降低創傷的黃金關鍵處理期，如燒燙傷緊急處理步驟，CPR 或 AED 等定期演練，都能強化照顧者因應事故傷害處理技能。

（三）降低師生比照顧者負擔

　　早覺（托嬰）中心照顧人力比為一比五，早已不符目前托育現場人力需求比。應儘速修法，一位托育人員照顧嬰幼兒人數比例降為三至四名嬰幼兒的合理比例，以有效安全照顧每位嬰幼兒。

三、環境設施面

　　遊戲是孩子認識、探索世界的方式。罐頭式遊具往往比不上大自然的清新空氣、花草樹木；由身體的體能運動所獲得的刺激，更能促進孩子腦部發育，也更有益於身心健康。然而，無論是室內、外設置的遊樂設施，始終存在品質問題和安全隱憂，引起為人父母者或家長擔心與關心。跌

倒、摔跤、滑倒、碰撞等是每一孩子成長過程中一定會有的經歷，尤其是遊戲中很難避免。兒童遊戲時發生事故傷害場所，60% 發生在公共遊樂設備，67% 肇因於跌落或設備故障，最常造成傷害的前三種遊戲設施，分別為攀爬設施、搖（擺）動設施與滑梯；造成的傷害以骨折、挫傷／擦傷、撕裂傷為多，但也有少數腦震盪、甚至於死亡。環境設施是提供使用者安全無慮的生活情境，創造安全環境與安全設施設備，是教保機構基礎條件。學前幼兒好奇心旺盛，認知未臻成熟，欠缺自我保護能力，不瞭解與無法因應危險情境，如環境保護不足，造成事故傷害風險性勢必增高，因此應結合工程技術與教育，佈置安全、合宜的環境，打造有效學習環境軟硬體安全設施與照顧空間設施；而隨著建築物的老舊，或是設備採購時未考量實際運用的空間場域，都需進一步全面體檢。

　　第一，運用社區三級預防策略執行兒少事故傷害預防與處遇。初級預防是政府應全力檢視兒少安全的成因，以及消弭環境中可能造成兒少事故傷害的因子，並利用各種管道（例如托育資源中心、托嬰中心、幼兒園、各級學校），加強宣導兒少安全知識及危機意識，同時結合父母進行親師合作的安全教育；二級預防是對有發生事故傷害的兒少進行輔導與處遇，並加強親師合作的安全教育以避免事故傷害的再次發生；三級處遇是對於發生頻率較頻繁的家庭及學校交付社會安全網進行社會處遇。此外，政府應積極倡導兒少安全教育，並將類高風險家庭之家長納入《兒童少年福利與權益保障法》做為處罰對象的修法。三級預防策略目的有二：在積極性是運用宣導教育與輔導；在消極性則是採取立法做為恫嚇，並督促照顧人員應對兒少的生命及權益負起責任，例如，強化家庭監護責任及對兒少的安全教育與保護、完善學校安全管理制度、保障兒童少年在校期間的人身及財產安全、強調公共安全的安全保障義務、防治未成年在交通的事故傷害⋯⋯等。

　　第二，對於傷害事故事件重複發生、嚴重性、非偶發性，則由醫療社工找出案件通報社會安全網，將兒童事故傷害的脆弱因子再分派轉介其他相關諮詢及輔導處遇機構。

結語

　　兒童所發生的傷害與事故的原因雖然頗為複雜，但其實 98% 是可以預先防範或是不必要發生的。孩子事故產生除了家庭與社會環境及體系的預防外，最重要還是要教導個人的安全技能以培養機警勇敢的孩子。教導個人的安全技能內容要依孩子的年齡階段，提供不同的內容及使用不同方法，安全技能的區分是依據一般兒童在不同年齡階段發展的智能與人際關係技能為標準。專業人員需知道：孩子在「完成準備活動時」，才能學習新訊息與新技能。換言之，學習的時間要依孩子的理解能力來決定。不管你的看法如何，必須由孩子的能力來引導你的教導內容。因此，在開始教個人安全技能之前，應該先問自己：「孩子能理解哪些詞彙和觀念？」、「孩子能學習並記住哪些東西？」除此之外，成人也要有觀察孩子行為的能力，以確定孩子真正瞭解你所教導的訊息。為了要確信孩子掌握了你所教導的訊息，成人可利用五個步驟：保護、準備、練習、提醒、預習來加以確認孩子是否掌握了安全技能。

參考文獻

一、中文部分

于祖英（1997）。**兒童保健**。台北：匯華。

白璐（1992）。幼兒意外傷害與幼兒照顧者意外防範及知識關係之探討。**行政院國家科學委員會專題研究計畫**。

杜友蘭、葉金川、林芸芸、趙秀雄（1980）。臺北市幼稚園托兒所兒童意外災害流行病學之研究。**醫學研究，3（3）**，951-966。

李寶璽（1993）。三到六歲兒童意外傷害城鄉的比較研究。**國防醫學院公共衛生研究所碩士論文**，台北市。

邱志鵬（1996）。**八十三年度臺灣區托兒所評鑑報告**。臺灣省社會處。

財團法人國家衛生研究院（2019）。**2030 兒童醫療與健康政策建言書綱要**。衛生

福利部補助計畫。

張立東、林佳蓉、蕭景祥（2004）。**幼兒安全**。台北：永大。

郭雪英（1995）。家庭托育環境安全指導之實驗研究。**國立臺灣師範大學衛生教育研究所碩士論文**，台北市。

郭靜晃（2005）。**兒童安全管理**。台北：威仕曼文化。

郭靜晃（2016）。**社會脈絡環境下全人發展與行為**。台北：揚智文化。

陳永炅、黃珮琪（2000）。**道路交通事故統計分析**。取自：http://www.moi.gov.tw/stat/topic/topic131.htm 。

陳清芳（2004）。幼兒事故傷害死亡率偏高，多數可事前預防。**大紀元** 4 月 3 日報導，2020/10/20 取自 http://www.epochtimes.com/b5/4/4/3/n500155.htm 。

黃羨蕙（1983）。台東縣國小教師對兒童疾病與意外事件處理的態度、知識調查研究。**台東師專學報，11**，435-518。

鄧文蕙（1991）。幼兒家庭意外傷害與照顧者對幼兒意外傷害防範及處理之認識。**國防醫學院公共衛生研究所碩士論文**，台北市。

鄭英敏（1996）。學校危機處理。**教師天地，82**，24-31。

二、英文部分

Berger, K. S. (1991). *The developing person through the life span (2nd ed.)*. NY: Worth.

Bredekamp, S. & Copple, C. (1997). *Developmentally appropriate practice in early childhood programs*. Washington DC: NAEYC.

Grossman, D. C. (2000). The history of injuries control and the epidemiology of child and adolescent injuries. *Future Child 2000, 10(1)*, 23-52.

Heinrich, W. H. (1959). *Industrial accident prevention (4th ed.)*. New York: McGraw-Hill.

Katz, L. (1995). *Talks with teachers of young children: A collection*. Norwood, NJ: Ablex.

Rivara, F. P., Alexander, B., Johnston, B., & Soderberg, R. (1993). Population-based study of fall injuries in children and adolescents resulting in hospitalization or death. *Pediatrics, 92*, 61-63.

Sousa, B. (1982). School emergencies- preparation not panic. *Journal of school Health, 52(7)*, 437-440.

Whaley, L. & Wong, D. (1987). *Nursing care of infants and children (3rd ed.)*. St. Louis: Mosby.

第十章
如何設計親職教育方案

學習目標

➢ 研習本章內容，學習者應能達成下列目標：

1. 瞭解決定成為父母的動機
2. 服務方案設計概念
3. 服務計劃書
4. 服務效益評估

第一節　決定成為父母的動機

青少年期「始於生理，終於文化」，大約在 10 歲至 20 歲期間（又可稱為 teenagers），在這時段，隨著在學年齡期的穩定發展情況之後，由於賀爾蒙之成熟，造成青少年身體產生明顯的變化，又由於青少年可以透過形式思維，對於未經驗過的事物提出假設，並透過邏輯原則，而不是知覺和經驗來思維。研究青少年發展的學者指出：青少年期是所有人生發展階段中最具有困難及學習壓力的一段時期，但未如 Hall 所言的狂飆期（storm and stress）那般的嚴重。從社會及認知發展的觀點來看，Erikson 的心理社會（psychosocial）理論（1963）認為青少年透過與他人關係的互動學習中來獲得其社會及認知的能力，此理論指出家庭、同儕、學校、社會是青少年主要社會化之代理人（agents），也是影響其社會心理成長與健康的要素。此外，青少年為追求自我的定義，會逐漸獨立而脫離父母轉向異性及同儕的需求；但是因為怕被拒絕，特別需要友誼，凸顯了同儕關係的重要性。也隨著年齡的增加，青少年會從自我中心思考邁向非自我中心驗證假設，演繹推論的較高層次思考，也會產生假想現象與個人傳奇的冒險行為；同時，也有強烈的相對定義價值觀，開始懷疑一些社會的判斷標準。在此一時期，特別需要責任感，與自我肯定等人際關係技巧的培養，以減少產生偏差或犯罪行為。

近年來台灣的青少年問題，從飆車、安非他命、青少年自殺、未婚懷孕及青少年犯罪，使得我們瞭解到青少年問題，將成為日後嚴重的偏差行為或犯罪行為，進而影響到家庭及社會。此外，社會變遷也造成家庭結構與功能不變，也使得父母在教養子女需要家庭外的服務支持，而青少年家庭服務的提供更需瞭解青少年發展階段的身心發展情況及其父母親職教育需求，進而檢討整個青少年家庭之親職教育整體服務輸送。

Hoffman, Thornton, & Manis（1978）提出九種當人們決定成為父母，或在成為事實後調適自己的動機：

1. 確立成人地位和社會認同

2. 自我的延伸──家庭的持續

3. 道德價值的成就──在親職中貢獻或犧牲

4. 增加感情和愛情連結的來源

5. 刺激、新奇、有趣

6. 成就、能力、創造

7. 對他人的權力和影響

8. 社會比較和競爭

9. 經濟效用

不論他們要孩子的動機是為何？成為父母還是一般的事實。為人父母的事實具有下列特性：

一、不可取消性

那是無法迴轉的，從出生的那一刻起，父母發現照顧和支持這個人的責任，將會完全佔據他們大約二十年或是更久的時間。即使有其他機構可以分擔工作，如教育，但最重要的責任還是在父母身上。這種責任也許被甘願或歡喜的接受，但他就一直在那兒，一天二十四小時，一週七天，可不斷的算下去。矛盾的是不管父母會犯怎樣的錯，也不管他們感受到負擔有多大，要把工作轉交給他人是很困難的。

二、限制獨立和疲勞

成為父母後一個很戲劇化的改變，是隨著照顧一完全依賴者而來的行動完全受限。父母必須對離開孩子作好精心的計畫，即使只是短暫的。

伴隨著這種行動上受限的而來的是，許多父母生活在一種孤立的情況下，與大家庭分離而隻身生活在現代城市中，因孩子的開支而進一步受限。隨著被新的情況或情緒所支配而產生心理的孤立，許多父母在他們的親職中感覺到孤獨。

大多數年輕的父母，特別是母親都抱怨疲勞，從一大早到半夜，他們

要對其他人的需要作反應——孩子、配偶、雇主，被所有的時間表極盡壓榨，然而太晚了——孩子就在這裡，而親職必須繼續下去。

三、非本能的愛

人類只可控制本能之外的東西，而像許多父母的行為和反應，包括愛，則是隨時間、經驗和學習而來。許多父母有時對待他們的孩子有矛盾的情緒，被激怒和感覺所包圍住；有時候生氣的感覺壓過了愛的感覺。

由於受到「完美父母」的幻想的不利影響，許多人不自覺的承認自己「沒有骨肉之情」，而且或許認為有些罪惡感。

四、罪惡感

令人驚訝的是，今日的父母都常提到罪惡感，有個迷思概念「沒有不好的孩子，只有不好的父母」的社會態度。父母中對罪惡感最敏感的是母親，可能是因為她瞭解社會把她視為最有力的親人。

基於此，本書親職教育方案範例（參考附錄），針對嚴加控制 vs. 任其翱翔的矛盾——如何建立有點黏又不太黏的親職角色為主題，一方面幫助父母知覺其父母角色和管教方式，另一方面教導父母幫助青少年學習如何說不（No）的自我肯定技術。此親職教育方案的目標有二：賞與罰之檢討與自我肯定，分述如下：

目標一　賞與罰之檢討

不論在教育／養育小孩，成人（父母或教師）必須建立新的傳統——根據民主原則的傳統——誘導、溝通。

此原則不僅強調讓小孩擁有權力（autonomy），而且還要自己負責和做決定。對孩子要有自信並培養其自信及能力。

- 切忌：吾人並非僅用獎賞與處罰（reward or punishment）來控制小孩。

  例如，小孩獲得太多獎賞，而且容易獲得，他們便不在乎，不當成一回事。
- 懲罰：小孩只有暫時迴避（只要我長大）然後行為故態復萌。
- 因此：成人必須和孩子一起合作一起負責。每個人有其獨特的人格責任，個別目標和行為模式。
- 如何做：

  建立家庭（學校）適合於教學／學習之氣氛，給兒童建立身教。

　　成人是諮商者（Counselor）、引導者（Guider），幫助孩子瞭解問題所在。再好的父母／老師，孩子不努力也會失敗，要讓他嚐到失敗的滋味，要孩子瞭解對與錯，並且告訴孩子如何做才會成功，孩子要對自己負責。

　　此種方法可以透過團體討論（或家庭會議）讓孩子在團體中有地位受到尊重，可以表達己見，有尊嚴及歸屬感，而其他成員大家都關心他，並且認為這是一個共同的話題、共同的經驗。如此一來，不論是個別或集體的問題，才能獲得完全或部分的解決。

　　試試看，你們的孩子應該會變得更有自信，其學習動機與興趣也會提高，並且內化成為自己的行為準則。

　　家長／老師應是：

- 相信這種哲理（方法）。
- 學習團體動力或團體技巧，如何與人溝通合作、傾聽。
- 從心理學角度，瞭解孩子的發展與需求。
- 再應用 Y 理論（鼓勵）。

目標二　自我肯定

　　此處並非指攻擊別人或與別人吵架，而是指用口語來應對別人的能

力，其步驟有四：

1. 教導小朋友肯定是 OK，好的意思，自我肯定有十個原則。

2. 瞭解這十個原則：

（1） 我有權對我的行為、思想或情緒做判斷，並為我的行為後果負責任。

（2） 不為我的行為找理由或藉口（我有權這麼做）。

（3） 我有權判斷是否要解決別人的問題。

（4） 我有權改變主意，改變主意並不是一件什麼大不了的事，我就是不想做。

（5） 我有權做錯事（只要我肯負責）。

（6） 我有權說我不知道或我不想做。

（7） 我有權不在乎他人對我的好意（不要認為那是個包袱或負擔）。

（8） 我有權做一些不合邏輯的決定。

（9） 我有權說我不瞭解。

（10）我有權說「我不在乎」。

3. 在日常生活中應用這十個原則，例如：與同儕相處時或購物時。

4. 練習語言的口語技巧來處理他人對自我的批評、讚賞、誤判或妥協（利用霧化〔fogging〕的技巧）。

何謂霧化的技巧？意指同意他人而非反對他人（臉紅脖子粗的爭論方式），例如，用幽默自己的方式不理會批評者的批評。

實例：A：代表批評者　　B：代表學習者

A：我看你穿得實在很邋遢！

B：無所謂，還好嘛！我只是穿得很普通……

A：唉！你看你的褲子，簡直就像鹹蘿蔔乾一樣，皺得要命！

B：是有點皺！不是嗎？……

A：不只是皺而已，簡直就是爛，這還能穿嗎？

B：對喔！聽你這麼說，我發現這褲子是有點破舊。

Ａ：還有襯衫，你實在品味有夠低！

Ｂ：你說得是，我對穿衣服實在不怎麼高明！穿衣服實在不是我的專
　　長。

Ａ：你看看你，我說什麼你都同意，真是沒有主見！

Ｂ：對！對！

Ａ：你啊！真是狗屎蛋！應聲蟲！只會附和別人，一點自己的人格都
　　沒有！

Ｂ：是啊！這好像就是我。

第二節　服務方案設計概念

服務方案（program）是完成某一特定宗旨（goal），再分列有次宗
旨，是為標的（objective）所採取的具體行動（action）。方案設計是一種
方法，是一種管理決策的過程，它讓服務者及被服務者共同決策，像是一
張地圖，供人們在陌生的環境中找尋正確方向。它必須是一種書面文件，
描述執行方案的一些基本過程。方案設計目的有四：（1）讓服務對象得到
幫助；（2）做為組織決策的依據：（3）提升服務品質及（4）評估服務成
效。設計不當的方案會造成執行成效不彰，甚至損害被服務者的權益（萬
育維，2007）。

服務方案的設計在於透過有計畫的服務活動方案，首重滿足被服務者
的需求，提醒執行的單位評估服務是否有效，並按部就班執行服務，進一
步改善服務品質。

需求測量有四種方式，規範性、感受性、表達性及相對性，分述如
下：

1. 規範性（normative need）：以現存的某些標準或常模來界定需求，
　　標準通常來自慣例、權威或一般共識。優點：客觀、約定成俗；缺
　　點：易受知識、技術、價值等改變影響，易否定少數需求。

2. 感受性（perceived need）：透過有需要的人來界定——人們透過想像及感受，來覺知自己有何種需求及需求程度。優點：真實；缺點：易高估或低估，沒有絕對標準，因人而異，容易誘導需求產生。

3. 表達性（expressed need）：透過有需要的人真正尋求得到服務來認定；以滿足與否或是滿足程度來界定。優點：將感受轉換成實際行動，明確程度高；缺點：有時缺乏服務。有些人不認為自己有需求；無法全面評量社區整體需求。

4. 相對性（relative need）：也可稱為比較性需求（comparative need），以相似的區域或人口群作比較，評量兩者間所得到服務的差距。優點：重視公平性議題；缺點：有時資源會過度集中。

需求評估兼具質與量之雙重向度，其所涉及的不僅是需求的測量而已，更需注意的是，所測量的是要說明些什麼。需求評估始於問題之分析，只有在問題分析完成後，才能處理數量上之測量和估計的問題。需求評量的內涵即成為後續行動之標的。

第三節　服務計畫書

服務計畫書是一份正式書寫的文件，用來尋求資源的支持和贊同；是組織策劃的一部分，也是內部溝通的工具。對組織而言，計畫書可說是組織策劃過程的一部分，方案的宗旨、目標與標的為了要實踐組織的使命；方案的人力與財務資源規劃也應屬組織規劃的一環節。方案服務設計的邏輯概念請參閱圖 10-1。

基本上「計畫」與「方案」是大同小異的，比較大的區分在於，計畫通常較大型、為期較長、涵蓋較廣，如「××社區 110 年度計畫」，其中包括居民對 ×× 社區在 2021 年進行社區改造工作的總目標，及欲達成總目標之策略及行動，最後還要包括該年度計畫的預算。相對於計畫，方案

則是指較小型、為期較短、設定目標較短程明確，通常方案也是達成計畫的具體行動。如果在社區總目標下有一項是落實社區環保工作，則達成目標之策略行動包含：實施垃圾分類、開設環保教室、舉辦廢物利用創意大賽……等，而策略行動中「實施垃圾分類」的具體執行內容就是「方案」。不過，在日常生活中，人們很少有這麼嚴格的區分，方案和計畫常常是交替使用的。計畫書是一份正式書寫的文件，可用來尋求資源的支持和贊同。服務計畫書的撰寫十分重要，它能引導組織或團隊往設定目標前進，透過詳實的規劃及準備，才能真正落實計畫的目的。

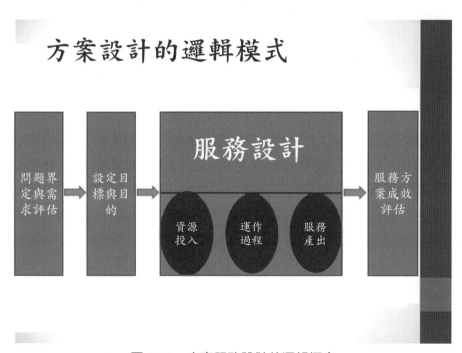

圖 10-1　方案服務設計的邏輯概念

　　一般方案規劃書撰寫的內容應包括：計畫書摘要、計畫書的前言、需求與問題陳述、方案的宗旨與目標、方案內容說明、評估計畫、預算、進度表與分工表及附件。計畫書的前言、需求與問題陳述內涵應迎合下列內容：（1）與被服務群建立關係（社區調查）──準備服務計畫書；（2）發

展方案目標,並排定優先順序——構想服務策略;(3)資源開發——甄選訓練工作人員;(4)資訊管理系統——工作時程的安排;及(5)方案行銷——設定績效目標。服務計畫執行應迎合下列內容:(1)危機處理;(2)成本控制;(3)激勵團隊;(4)錯誤修正;及(5)服務輸送。服務計畫評估應迎合下列內容:(1)服務滿意度(雙向);(2)服務輸送體系檢討;(3)服務效益評估;(4)團隊效能評估及反思。

第四節　服務效益評估

　　服務效益評估又可分為成果目標及過程目標導向。多數方案存在的理由,是基於一種目的:對於所認定的問題進行處理,並進而將其轉換為標的人口群或服務對象群之需求。在開始設計方案的階段,必須更明確地聚焦於服務對象之需求,因為該需求得到滿足的程度,被認為是衡量方案的成敗關鍵。方案設計應將原因、後果、相關因素及服務做適當且正確的關聯。對於各種結果的說明,可以視為「終結狀態」(ends)的陳述或方案之期待,這些終結狀態稱為成果目標(outcome objectives),是方案規劃中極為重要的部分,因其解釋了該方案存在的理由,並提出可測量的結果。

　　成果目標直接由問題分析階段而來,包括:

1. 陳述降低問題發生率或普及率的企圖。

2. 成果目標應該說明針對目標人口群所提供的服務處置能夠產生之預期效應。

　　對所提供服務之描述,則可說是為達成終結狀態所使用的各種方法或手段(means),而稱之為過程目標(process objectives)。當發展並陳述終結狀態(亦即成果目標)之後,接著必須明確地提出方法(過程目標),以期達成原先所預定的結果。過程目標是用以陳述如何達成成果目標的方法。一個好的目標,必須清晰明確、特定、可測量、具時間限制、實際可

行，同時它也代表一種承諾。

❖**目的、目標和活動的層級關係**

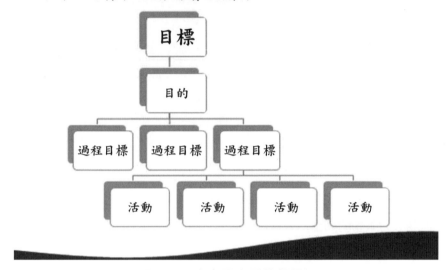

圖 10-2　方案設定目的與目標

以服務成效為導向之方案規劃過程和活動之中，依序有六個步驟，分別是：

1. 問題分析（找出問題、研判問題、界定問題）
2. 需求評量
3. 發展方案假設
4. 設定目的與目標
5. 實施內容（工作項目、人力、資源、預算）
6. 評價

服務效益評估要使用清晰明確、不含糊的字眼。評估時要注意下列標的是否達成期望。標的如下：

1. 目標是否能讓所有閱讀該目標陳述的人皆可體會到同一件事？
2. 預期的結果：目標是否明確指出所欲達成的結果？
3. 可測量的結果：目標是否寫成可以測量的形式？是否包含任何可測

量（數值）的判斷標準？

4. 時間架構：目標陳述是否表明欲達成目標的時限？

5. 可達成性：以技術、知識、可使用資源的角度來看，目標是否切合實際？

6. 績效責任：目標是否明確指出應當由誰負起達成目標的責任？

方案服務品質是一個相當複雜的主題，Fitzsimmons 將服務品質以五個構面定義，以此五個構面進一步介紹服務品質的缺口。服務品質（Service Quality, SERVQUAL）工具即是以服務品質缺口為基本概念而發展出來的。

對服務而言，服務品質必須在服務提供過程中評估，且通常是在顧客與接洽的員工進行服務接觸時。顧客對服務品質的滿意度是以其實際認知的服務與對服務的期望二者做比較而來，請見圖 10-3。

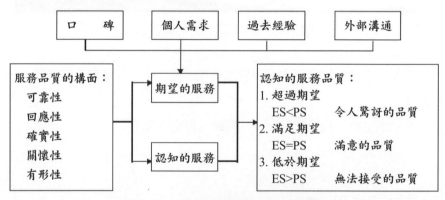

圖 10-3　服務品質評估 PZB 模式

資料來源：Parasuraman, Zeitthaml, & Berry (1985)。

圖 10-3 顯示顧客的服務期望來自四個來源：口碑、個人需求、過去的經驗以及外部溝通。當顧客認知到的服務超過期望時，則顧客認知到的是卓越的品質；當認知低於期望時，則顧客無法接受所提供的服務品質；當期望被認知所確認時，則服務品質是令人滿意的。Parasuraman, Zeitthaml 以及 Berry 三位學者考慮服務的無形性、異質性、同時性等特

性，於 1985 年選擇銀行、信用卡公司、證券經紀商、和維修廠四種產業
進行一項探索性研究，經過與顧客的群組訪談（focus group interviews），
提出服務品質的十項構面：可靠性、反應性、勝任性、接近性、禮貌、溝
通性、信用性、安全性、瞭解顧客及有形性。應用於服務方案時可採取下
列指標做為方案評估指標。

1. 可近性：服務易於被取得或提供服務的機構和團體易於接近。
2. 保證性：工作人員皆很友善、有禮貌、以及具有相關必要的知識與
   技能。
3. 一致性：服務的提供符合設定的標準。
4. 持續性：服務的績效、結果和成果不會很快的就消失。
5. 人性化：以尊重服務對象及其自我價值之態度提供服務。
6. 績效：服務達到各階段所設定的目標。
7. 信賴性：以可信賴和一致的方式提供服務，即使是不同的服務對象
   或不同服務時間，仍能以最少的變動提供服務。
8. 反應性：機構能適時地為服務對象提供服務。
9. 具體性：服務機構具提供服務應有的設備、設施、人員等。

服務方案評估更要具體評量標的達成率，具體指標如下：

1. 計畫方案的目標是否達成？目標的陳述通常較抽象，因此評估目標
   達成程度，應以「預期成果」來評估較恰當。例如：評估實施資源
   回收的計畫，就從社區是否已建立資源回收系統？包括，是否已訂
   定各種資源的統一回收時間、配合居民佔全社區居民的比例……等
   項目做為評估指標。明確的評估指標有助於進步的掌控，也較易建
   立參與者的成就感。
2. 策略行動或方案內容是否符合實際的需要？
3. 計畫方案是否依進度進行？或進度訂定與現實情況差異過大？
4. 人力評估包含：預定人力是否符合需要？各負責人的執行情況？人
   員之間的支援情況如何？人力的動員是否順利？在此次活動中，是
   否出現新的人力資源？是否發現不合用的資源？原因為何？

5. 經費評估包含：預算項目與實際情況是否符合？預算額度與實際情況是否符合？如果再辦類似活動，應增刪的經費項目及額度是哪些？本次活動是否運用社區內的經濟資源？尚待開發的內部及外部資源有哪些？如果活動是向外部單位申請補助或贊助，那該單位是否有可能成為長期合作的資源？

結語

　　不論父母要孩子的動機為何？成為父母還是一般的事實。為人父母的事實具有下列特性：（1）不可取消性，（2）限制獨立和疲勞，（3）非本能的愛及（4）罪惡感。附錄一為親職教育方案範例，主題是以青少年服務方案為主，針對嚴加控制 vs. 任其翱翔的矛盾——如何建立有點黏又不太黏的親職角色為主題，一方面幫助父母知覺其父母角色和管教方式，另一方面教導父母幫助青少年學習如何說不（No）的自我肯定技術。此親職教育方案的目標有二：賞與罰之檢討與自我肯定。服務計畫書是一份正式書寫的文件用來尋求資源的支持和贊同；是組織策劃的一部分，也是內部溝通的工具。對組織而言，計畫書可說是組織策劃過程的一部分，方案的宗旨、目標與標的為了要實踐組織的使命；方案的人力與財務資源規劃也應屬組織規劃的一環。以服務成效為導向之方案規劃過程和活動之中，依序有六個步驟，分別是：（1）問題分析（找出問題、研判問題、界定問題）；（2）需求評量；（3）發展方案假設；（4）設定目的與目標；（5）實施內容（工作項目、人力、資源、預算）及（6）評價。

參考文獻

一、中文部分

萬育維（2007）。**社會福利服務——理論與實踐**。台北：三民書局。

二、英文部分

Erikson, E. H. (1963). *Childhood and society (2nd Ed.)*. New York: Norton.

Hoffman, L. W., Thornton, A., & Manis, J. D. (1978). The value of children to parents in the United States. *Journal of Population, 1(2)*, 91-131. Published By: Springer.

Parasuraman, A., Zeitthaml, V. A., & Berry, L. (1985). A conceptual model of service quality and its implication for future research (SERVQUAL). *Journal of Marketing, 49*, 41-50. DOI: 10.2307/1251430.

附錄：方案設計與評估分享

嚴加控制 vs. 任其翱翔的矛盾
——如何建立有點黏又不太黏的親職教育實施方案

一、宗旨

處境分析：

現在是 3C 時代，大部分的時間都被手機佔據，縱使見面一起坐下吃飯，也是各自注視自己的手機，無法做到情感上的連結。主要照顧者忙於經濟上的需求，鮮少與孩子互動，勢必會在面臨親子問題時，增加衝突機會。

問題界定：

1. 在面對親子的議題，沒有覺察過往處遇的基模，導致衝突，一旦在皆為自己去負責的情況下，多數家庭還是會產生危機。

2. 在親子關係長期疏遠下，情感上的連結並不容易，主要照顧者如用討好的方式，而不是用有效的溝通合作方式，也會造成用不適合的方式去建立關係。例如：結交不良友人，早年懷孕。

3. 親子關係沒有建立自我界線與課題分離，導致產生「可惡的他，可憐的我」的情節，造成脫序行為的發生。

二、目標

1. 搭起青少年子女溝通的橋樑
   - 與青少年子女溝通的心法：平等、尊重、同理、接納聆聽是與青少年子女溝通最重要秘訣。
   - 用好問題與同理反映讓對話持續。
2. 如何引導子女成為衝突解決高手？
   - 同理心反映對方情緒與需要。

- 我訊息表達自我期待。
- 進入協商模式達到雙贏。

3. 如何和孩子討論爭議問題
- 父母須具有開放態度。
- 運用好問題引導孩子思辨多元價值。
- 討論過程父母應有的態度與原則。

4. 培養孩子正面回應批評的能力
- 提升孩子的自信有助於孩子接受挫折與批評。
- 幫助孩子用我訊息勇敢表達內心負面情緒。
- 客觀檢視他人批評的真實性，並正面回應對方。

三、實施策略

四、方案主要目的

1. 減少親子衝突。
2. 覺察自我情緒，自我情緒管理。
3. 達到有效的溝通。

方案次要目的

1. 強化情感連結。
2. 發展自我界線。
3. 培養內在資源。

五、執行服務者

方案需求評估架構

評估模式	評估焦點	預期結果
需求負向評估	解決目前所處的危機問題	危機與問題獲得解決
需求正向評估	心理狀態	提升自我情緒管理，強化自我覺察能力
需求發展性評估	提升能力	提升服務對象的正向溝通，解決問題能力

人力資源：社工、心輔員、志工

人員編制	姓名	職稱	職責
	郭 ××	社工	活動接洽 活動帶領者，創造安全且友善的氛圍
	胡 ×	心輔員	活動接洽 活動帶領
	陳 ×	心輔員	活動接洽 活動帶領
	鄭 ×	志工	協助帶領者
	申 ×	志工	協助帶領者
	湯 ×	志工	協助帶領者
	吳 ×	志工	協助帶領者

六、服務對象

以某國中之全體家長為主，並採自由參加為原則。

（一）宣傳方式：透過以下方式進行宣傳，主要以中心之公布欄張貼海報、各班發通知單及張貼於聯絡本。

（二）參加人數：

1. 家長座談會：盡可能全數家長參加。

2. 親職講座：達七成以上參加。

3. 焦點座談：鼓勵全數家長參加。

七、活動時間

本學期自××年7月1日至12月31日止，依照行事曆之期程，學期初安排了「家長座談會」及「親職講座」，每周落實完成親子互動一次，家長可透過聯絡本分享親子互動實況，落實兩個月後，鼓勵家長進班敘說經驗，可事先與老師溝通討論。

八、活動地點

以上活動主要皆在學校商借教室舉辦。

九、活動方式

1. 家長座談會：每學期初舉辦一次，主要由輔導主任說明本學期重要事項，接著由心輔員說明各班之作息及主要活動，再來帶入本學期欲推行之親子互動活動。
2. 親職講座：邀請專家學者進入機構，以親子正向互動活動為主題演講，並透過雙向互動解答家長所遇到之困難。
3. 推行一段時間，學校視家長能力的成熟度，可安排年度之劇場延伸活動，如戲劇表演等。

十、資源方面

物質資源：團體教室、活動教材

物質資源	使用數量	提供者
團體教室	1間	機構
紙張	24張	機構
筆	24支	機構
蠟筆	2盒	機構

活動：多元家庭親職教育方案活動設計團體課程

單元名稱	我不完美，但我有很多美好	日期		星期六
地點	機構教室	時間		09:00~17:00
帶領人				
團體對象	單親家庭 6 組（國中生）共 12 人			
單元目標	1. 增強覺察自我情緒脈絡 2. 強化問題解決能力 3. 增進有效的溝通與衝突處遇的技巧			

活動時間	單元名稱	活動內容	器材
09:00~10:30	從心看自己 建立心關係	1. 在活動中選一張自己喜歡的卡片，選後先不要交談 2. 在小團體分享選這張卡所代表的意義 3. 在大團體分享選這張卡代表什麼意義	紅花卡 能力強項卡 熱情渴望卡
10:30~10:40	休息		
10:40~12:00	搭起心的橋樑 溫暖對方的心	1. Leder 會問一位學員，如果有一隻手可以撐著你，你希望這隻手放在哪？由被觸碰者決定手要接觸哪邊 2. 接觸者要先把心放空，之後觸碰被觸碰者所指定的位置，觸碰者自己要先喬好姿勢，讓手穩定住，直到受觸碰者點頭 3. 當被觸碰者點頭時，你要問被觸碰者：這隻手好像要跟你說什麼？被觸碰者聽完，點點頭後，觸碰者的手緩緩離開 4. 分享被觸碰時內心的感受，好了就角色對換 5. 大團體分享	
12:00~13:00	休息（供便當葷或素）		

13:00~14:30	用心滋養彼此——滋養並存具練習	1. 以兩個人為一組，一個當主角，一個當陪伴者 2. 陪伴者專心地接收主角說出來的訊息，接下來安靜地聽心裡的聲音，讓直覺浮現，接收到直覺的訊息時，常常會伴隨一個自然的深呼吸，然後就可以說出下一句 3. 當完成之後，分享內心的感覺，互換角色	
14:30~14:40	休息		
14:40~17:00	畫中的心世界 房樹人	1. 首先要被測試者填寫姓名、年齡等一般資料，然後把測驗紙放在被測驗者面前 2. 畫裡面要有三元素：房屋、樹木、人，別的元素可以自由地添加，但人物不要畫成火柴人 3. 聽作者自己的原因與解讀 4. 出教室禁止討論以及說其他學員的事情	紙 筆

單元名稱	我不完美，但我有許多美好	日期		星期日
地點	機構教室	時間		09:00~17:00
帶領人				
團體對象	單親家庭 6 組（國中生）共 12 人			
單元目標	1. 重新認識自己並建立自我界線 2. 強化問題解決能力 3. 增進有效的溝通與衝突處遇的技巧			

活動時間	單元名稱	活動內容	器材
09:00~12:00（50分鐘，下課10分鐘）	吵架也可以不一樣（翻譯者）（麥克風預告）	1.（翻譯者）回想過去遇到什麼讓你生氣的事，你的處遇模式為何？得到的回應又為何？ 2.（翻譯者）當出現紛爭，學習用新的技巧，比較有哪裡不一樣？ 3.（麥克風預告）陪伴者幫助，紀錄自動化反應裡的「行為、思考、情緒序列」 4. 兩個人一起動腦想想看，如果要改變基模，需要加些什麼，才能讓關係更接近自己想要的方向 5. 請主角用隱喻為自己創造新的部分或角色名字，命出一個有味道的好名字，讓這個部分真的活起來	
12:00~13:00	休息（便當供應）		
13:00~14:00	吵架也可以不一樣（重來一次）	1. 思索這陣子衝突的原因 2. 思考每次的衝突是否都是用同一個方式去處遇（在同一個基模輪迴） 3. 試著覺察當要爆發的剎那，跟對方說：我們重來一次好嗎？	
14:00~14:10	休息		
14:10~15:00	愛的小祕訣 全然的讚嘆＋全然的擔當句型練習	1. 觀察到的種種，包括能力、表情、或行為，然後加上讚賞的語詞 2. 把讚嘆當基底，當有事情要合作或協助時，可以說沒問題，包在我身上 3. 當你真的沒辦法，學習真誠拒絕。例如：我心裡願意，可是我沒有力氣	
15:00~15:10	休息		

15:10~16:10	自由書寫	1. 拿到白紙後，先靜心 2. 書寫時，不要用腦袋去思考，心中浮現什麼就寫什麼，不要修改 3. 寫完之後，為你寫的文章命名 4. 朗讀所寫的文章	白紙 筆
16:10~16:20	休息		
16:20~17:00	心情訴說	1. 表達這兩天的課程，讓你與過去有什麼不一樣或者改變 2. 這當中有哪些過程觸動到你，你跑出什麼樣子的想法 3. Leader 表達這兩天與大家相處的想法 4. 最後給每個人一分鐘，說一句祝福彼此的話	

單元名稱	活動流程	目標	預期資源
從心看自己 建立心關係	1. 簡單的自我介紹 2. 選取自己比較有感覺的卡片 3. 分成大人 2 組、孩子 2 組 4. 分享卡片吸引的點 5. 小團體分享後，再到大團體 6. Leader 分享與回饋 * 在分享前，會跟學員說，自己可以決定要揭露多少，當然也要看對方是否有能力承接 另外，活動所聽到的事情，出教室就禁止討論，討論自己的可以	懂得傾聽 學習自我表達 懂得尊重別人	物質資源： 機構團體教室 人力資源： 1. 生輔員 2. 志工

搭起心的橋樑 溫暖對方的心	1. 靜心 5 分鐘 2. 親子兩兩一組 3. Leader 與志工先示範 4. 依照示範的方式去進行 * 如有受到家暴或是曾是目睹兒的學員，在過程中，有不舒服時，要立刻停止操作	1. 懂得用對方喜歡的方式去溫暖對方 2. 學會表達自我的需求 3. 懂得覺察自己情緒脈絡	物質資源： 學校團體教室 人力資源： 1. 心輔員 2. 志工
用心滋養彼此 ——滋養並存具 練習	1. 靜心五分鐘 2. 分成三組 3. 說自己最近的努力或失落的事情 4. 再從事件中，提取訊息來滋養對方 5. 一個人說故事，三個傾聽的人用滋養的句子滋養說故事的人 6. 說完就換下一個 7. 全部說完時，分享過程中的感覺	1. 懂得如何滋養對方 2. 強化情緒表達 3. 學習如何有品質的陪伴	物質資源： 學校團體教室 人力資源： 1. 心輔員 2. 志工
畫中的心世界 房樹人 （投射測驗）	1. 靜心五分鐘 2. 開始畫圖 3. 畫者說這幅畫的故事 4. Leader 解釋畫中所要給你的訊息與意義為何	1. 重新看待自己 2. 看懂自己處理人、事、物的基模 3. 增強自我表達 4. 跳脫以往處遇方式的框架	物質資源： 1. 學校團體教室 2. 紙 3. 筆 4. 蠟筆 人力資源： 1. 心輔員 2. 志工
吵架也可以不一樣 （翻譯者） （麥克風預告）	1. 述說最近發生的衝突 2. 述說那時你做什麼處遇，結果是什麼？ 3. Leader 示範用較恰當的表達方式 4. 學習用新的方式去與對方溝通 5. 反思與回饋	1. 達到良好的溝通模式 2. 強化自我覺察 3. 增強情緒表達 4. 情感連結 5. 提升衝突處遇能力，降低衝突風險	物質資源： 學校團體教室 人力資源： 1. 心輔員 2. 志工

吵架也可以不一樣（重來一次）	同上	同上	物質資源：學校團體教室人力資源：1.心輔員 2.志工
愛的小祕訣全然的讚嘆＋全然的擔當句型練習	1.示範如何完整的稱讚對方 2.示範如何使用擔當句 3.分三組練習 4.反思與回饋	1.學習到真誠的稱讚對方 2.學習拒絕	物質資源：學校團體教室人力資源：1.心輔員 2.志工
自由書寫	1.靜心五分鐘 2.不用腦袋思考，寫到時間到 3.為自己寫的文章命名 4.朗讀自己寫的文章 5.給未來的自己什麼樣的期許	1.理解當下情緒 2.允許並承接自我情緒 3.注入自己希望，給自己一個未來	物質資源：1.學校團體教室 2.紙 3.筆 4.蠟筆人力資源：1.心輔員 2.志工
心情訴說	1.靜心五分鐘 2.說這兩天的歷程與心情點滴 3.反思與回饋 4.填寫表格	1.強化情緒表達 2.懂得觀照自己	物質資源：學校團體教室人力資源：1.心輔員 2.志工

風險評估：

1. 服務對象在活動的過程產生心理防衛機轉：如暈倒、否認、離開教室（未回來）等等。

2. 服務對象在過程中，自我揭露過深，沒有考慮到對方是否有能力承接。

3. 服務對象沒有落實保密原則。

成效指標：

1. 身心情緒狀態

2. 親職壓力

3. 參與出席率

4. 參與團體之回饋／滿意度

評估工具：

1. 簽到表

2. 回饋問卷

回饋表

	非常同意	同意	普通	不同意	非常不同意
1. 讓我有機會體驗與表達自己的情緒、想法與感受					
2. 我學習放鬆心情，調適與紓解壓力					
3. 透過活動我更瞭解自己					
4. 遇到問題，讓我比較能有不同的想法與方式					
5. 其他的學伴經驗分享，對我是有幫助的					
6. 在經驗分享中，得到共鳴					
7. 在活動中學習尊重到彼此界線與限制					
8. 在幫助別人中，獲益良多					
9. 學習到如何與家人建立正向情感					
10. 能勇敢地拒絕自己不想或做不到的事					
11. 我能允許自己的情緒並有效陪伴自己的情緒					

12. 學習到如何陪伴他人					
13. 我相信自己可以改變，並有能力讓自己活得更好					
14. 我學習到，只有自己能為自己的生命負責					
15. 我學會更重視自己的身心健康					
16. 這次的活動中，讓我印象深刻的是？					
17. 在活動後，我覺察到自己（家人的關係）有哪些改變					
18. 在活動中，讓我覺得不舒服的經驗是？					
19. 我想給領導人的建議？					

過程紀錄表

單元活動名稱：	日期：
活動時間：	活動地點：
活動主要目標： 　　次要目標：	
出席情形： 參與人數：　　　人　　　缺席人數：　　　人　姓名：	
一、成員座位圖	
二、團體過程摘錄： 1. 成員溝通與互動情形 2. 成員個別狀況與反應 3. 團體凝聚力 4. 團體氛圍 5. 特殊事件描述、處理方式及結果	

三、團體過程評估
* 領導者自評部分：
1. 階段目標達成情形
2. 目標達成的助力
3. 目標達成的阻力
4. 下次活動具體可行的建議

* 成員自評部分：
1. 回饋時間
2. 活動回饋表

四、觀察心得與建議

五、下次活動討論及分工

　　（一）人力資源：

　　（二）經費資源：

十一、計畫內容

十二、實施之檢討